El encuentro que despierta la esperanza  100**X**UNO

Luigi Giussani

El encuentro que despierta la esperanza

Prólogo del cardenal Pietro Parolin

Traducción de Belén de la Vega

Edición a cargo de Davide Prosperi

Título en idioma original: *L'incontro che accende la speranza*

© Fraternità di Comunione e Liberazione, 2025
© Ediciones Encuentro S.A., Madrid 2025
Traducción de Belén de la Vega
Edición a cargo de Davide Prosperi

100XUNO, nº 148

Fotocomposición: Encuentro-Madrid
Impresión: Tecnología Gráfica-Madrid
ISBN: 978-84-1339-242-4
Depósito Legal: M-13896-2025
Printed in Spain

Para cualquier información sobre las obras publicadas o en programa y para propuestas de nuevas publicaciones, dirigirse a:

Redacción de Ediciones Encuentro
Conde de Aranda, 20 - 28001 Madrid - Tel. 915322607
www.edicionesencuentro.com - info@edicionesencuentro.com

ÍNDICE

PRÓLOGO

Me alegra introducir con algunas líneas este texto inédito del Siervo de Dios Luigi Giussani. Se ha elegido oportunamente como periodo de publicación el Año jubilar dedicado a la esperanza, que el papa Francisco inauguró el pasado 24 de diciembre con la apertura de la Puerta Santa en la Basílica de San Pedro. De hecho, el discurso de don Giussani tiene como hilo implícito la pregunta que Benedicto XVI retomará en su Encíclica sobre la esperanza, *Spe salvi*: «¿Qué podemos esperar?». Históricamente, ante los dramas del mundo, ¿qué esperanza tiene carta de ciudadanía? Y nosotros mismos, individualmente, como criaturas marcadas por nuestros límites, ¿tenemos derecho a una esperanza?

Me permito destacar aquí las sugerencias que me han resultado más provechosas a nivel personal en las palabras del Siervo de Dios.

Don Giussani —estas reflexiones están realizadas en 1985— capta, como un sismógrafo muy sensible, el mar de fondo social y cultural propio de su época. En resumen, después de la época tumultuosa del 68 y de los años 70, intuye esa «retirada a la esfera privada» señalada por la sociología como el rasgo unificador de los años 80. Creo que con su lenguaje vigoroso, lleno de ímpetu y de imaginación, argumenta semejante conciencia con estas palabras: «'Los demás', en esta dinámica en favor de la liberación, ponen su esperanza en un proyecto social compartido por ellos, donde el compartir viene impuesto normalmente por la propaganda. Por ello existe una alienación de partida —porque esperan su libertad de un proyecto social— y existe una alienación última, porque esa esperanza en el proyecto social está también dictada por la sociedad y por el poder a través de la propaganda. Tienen la ventaja de que parecen obtener algo de forma inmediata, como aferrar a la mujer, el dinero, aferrar la carrera, la venganza, pero todo marcado por una brevedad patente. Al no darse una paciencia que acerque y enriquezca el gusto y la percepción de lo que está a punto de aferrarse, que está a las puertas de ser aferrado, todo está destinado a la quiebra más grave, al hundimiento» (ver aquí, pág. 74). Frente a la caída de las ideologías, parece sugerirnos don Giussani, la persona desemboca en la quiebra, se hunde en ese movimiento contrario al don de sí que él identifica con el verbo «aferrar». Se aferra todo —al otro, el dinero, la carrera, las relaciones…— pensando que esto lleva a la felicidad. Y en cambio, el resultado no es más que el hundimiento en la decepción al encontrarse con la nada entre las manos.

En este punto de la argumentación, don Giussani proporciona un impulso al pensamiento y a la comprensión del hecho cristiano. Lejos de cualquier reducción moralista en la que podríamos caer, Giussani percibe que toparse con el límite, con los límites del ser humano, es una bendición, es Dios que viene a nuestro encuentro, es una ocasión para tener que ver con el rasgo más genuino del Dios de la Biblia, su misericordia: «Hace algunos años, en un retiro nuestro dijimos que el límite [...], precisamente porque choca con lo ilimitado de las exigencias, constituye la proximidad del más allá, el presentimiento del más allá que llama a la puerta» (pp. 34-35).

¿Y qué nombre podemos dar a este más allá que llama a la puerta? El papa Francisco nos ha recordado que el choque entre nuestro límite y nuestro deseo de infinito es un lugar bendecido por Dios: «Y por eso, algunas veces, me habéis oído decir que el puesto, el lugar privilegiado del encuentro con Jesucristo es mi pecado. Gracias a este abrazo de misericordia vienen ganas de responder y cambiar, y puede brotar una vida diversa. La moral cristiana no es el esfuerzo titánico, voluntarista de quien decide ser coherente y lo logra, una especie de desafío solitario ante el mundo. No. Esta no es la moral cristiana, es otra cosa. La moral cristiana es respuesta, es la respuesta conmovida ante una misericordia sorprendente, imprevisible, incluso 'injusta' según los criterios humanos, de uno que me conoce, conoce mis traiciones y me quiere lo mismo, me estima, me abraza, me llama de nuevo, espera en mí, espera de mí» (*Discurso al movimiento de Comunión y Liberación*, 7 de marzo de 2015).

Y justamente aquí, cuando una visión minimalista del hecho cristiano podría reducirlo a tarea moral, don Giussani nos ayuda a madurar. Me atrevería a decir que para él la esperanza nace justamente de este doble movimiento: de la provocación que supone el límite comparado con el infinito que el hombre percibe dentro de sí y del asombro que suscita la misericordia de Dios. La esperanza se origina en este doble abismo: nuestro límite, que a veces nos parece infinito, pero más aún la ternura de Dios, que ha «colmado» este abismo con la persona de Cristo.

La esperanza es hija de la misericordia, porque Dios nos perdona siempre: «Dios no se cansa nunca de perdonar, somos nosotros los que nos cansamos de pedir perdón», afirmó muchas veces el papa Francisco. La esperanza, el hecho de vislumbrar la posibilidad de «algo más» no brota de nosotros, sino de Él. No es fruto de nuestro optimismo, que a veces queda frenado por el desaliento ante las miserias de la historia, sino que es un don de ese Dios que derrama continuamente sobre su pueblo su ternura y su misericordia. Y por eso a don Giussani le apremia dejar claro que el centro de nuestra vida no somos nosotros, con nuestras pobres fuerzas, sino ese Dios que nos ha creado y que nos considera suyos.

En una página de singular frescura, con mirada de verdadero educador, invita a sus jóvenes oyentes a huir de cualquier desánimo y tentación de inacción: «Amigos, ¡no tengáis miedo, no tengáis ningún miedo! No tengáis miedo a no conseguirlo, a no ser capaces. Tú no te has hecho a ti mismo, y del mismo modo no te cumples a ti mismo porque es Otro quien cumple tu vida. ¿Cómo se puede vivir? Es Otro quien te ha hecho, es Otro quien te despierta al ser. ¡Instante tras instante eres 'de' Otro! Por eso no debes tener miedo a no tener éxito, porque quien actúa en ti es Otro» (p. 123).

Esta apertura a la acción de Dios, al Dios de la historia, de la gran historia y de mi historia personal, es lo que suscita en nosotros la esperanza, porque el centro del mundo no somos nosotros, sino Otro. Y por eso surge en nosotros la esperanza cierta de que nuestros días, nuestros afanes y nuestra vida descansan en manos seguras.

Card. Pietro Parolin
Secretario de Estado de Su Santidad

NOTA EDITORIAL

Don Luigi Giussani desarrolló a lo largo de su vida una actividad educativa incansable. Gran parte de su pensamiento se comunicó a través de la riqueza y el ritmo de un discurso oral y en esta forma (mediante grabaciones de audio y vídeo conservadas en el Archivo de la Fraternidad de Comunión y Liberación en Milán) nos ha llegado. La presente obra ha sido redactada a partir de la transcripción de algunas de estas grabaciones. El texto que ofrecemos ha sido elaborado en conformidad con los criterios formulados en su momento por el mismo don Giussani.

1. Fidelidad a los discursos en la forma en que fueron pronunciados. Las transcripciones se han realizado con el fin de ceñirse al máximo al modo de proceder, al acento y a la tipicidad del discurso oral, como expresión concreta del contenido y de la intención del autor.

2. Respeto a la naturaleza de los discursos. Don Giussani intervino en muy diversas ocasiones —conferencias, lecciones universitarias, encuentros de responsables u otros, Ejercicios espirituales, homilías—, procurando

siempre respetar los diferentes registros de las audiencias. En la redacción de estas intervenciones se ha evitado estandarizar o reorganizar los contenidos según criterios formales o estructurales. Además, dado que los interlocutores, explícita o implícitamente, son parte fundamental de la dinámica de construcción y expresión del discurso de don Giussani, sus intervenciones, en el caso de los diálogos y las conversaciones, se han mantenido normalmente.

3. El paso de la forma oral a la escrita no debe entenderse como una transformación de las formas expresivas, sino como una simple traducción escrita de un pensamiento comunicado oralmente. Sin embargo, cuando ha sido necesario, para evitar los inconvenientes de la lectura propios de una transcripción mecánica del habla, se ha eliminado la mera repetición de palabras o expresiones, las referencias fortuitas a circunstancias no inherentes al contenido, las interjecciones superfluas y se han perfeccionado las concordancias y la sintaxis en vista de la legibilidad del texto.

4. Las referencias implícitas o explícitas a personas, hechos y obras se han aclarado en el texto en la medida de lo posible o bien se han hecho explícitas en una nota a pie de página o se han eliminado, una vez que se ha comprobado la preservación del significado. La referencia explícita a los interlocutores presentes en el evento o a figuras públicas, si no es esencial para el desarrollo y la comprensión del tema tratado, generalmente se ha omitido.

La selección de las grabaciones para publicar y la edición de los textos es de Davide Prosperi.

Este libro ha sido redactado por Carmine Di Martino y Onorato Grassi; han colaborado Michele Di Martino, Simone Invernizzi, Tommaso Sperotto y Giovanni Zanotti. Coordinación editorial de Alberto Savorana.

NUESTRO ROSTRO HUMANO*

Mucho o poco, hemos empezado a caminar. «Mucho o poco» no es una cuestión de años, sino de conciencia. Uno podría vivir mil años, pero si no tuviera conciencia, sería igual a cero. «Llevo conmigo mis canciones / y una historia que ha empezado»[1], dice un canto nuestro. Para la gran mayoría de nosotros, esta historia que ha empezado es tan específica y tan clara que tiene incluso un título, un nombre. Pero incluso si hubiera entre nosotros muchos que no hubieran vivido todavía esta compañía o esta historia, también ellos tendrían que decir: «Se trata de una historia que ya ha empezado». Es la historia de la vida. La historia es una conciencia, porque no hay historia para un fósil cuya estructura fundamental cambia a lo largo de millones de años. Y la conciencia viene dada por una voz, por una voz que tenemos en nuestro interior, que nos constituye. Aunque alguno de nosotros pudiera decir: «No hay nadie

---

* Lección del 26 de enero de 1985, por la tarde.
[1] C. Chieffo, «La strada», en *Cancionero*, Comunión y Liberación, 2022, p. 339.

17

que responda a la voz que llama en las tinieblas», incluso él tendría que decir: «Pero, ¿para qué existe la voz?»[2]. Nuestra intención es la defensa de esa voz, la defensa de esa voz que coincide con cada hombre en el mundo, en la sociedad, la defensa de esa voz en nuestra misma vida, en *tu* vida. Nuestra primera canción, cosa bastante elocuente, es *Povera voce*[3], que cantaremos ahora en pie como si fuera una oración, a menudo demasiado inconsciente todavía.

La voz es monótona solo para quien no tiene conciencia de ella. La defensa de esta voz incluye también temas habituales y trata de recuperar acentos conocidos. La voz de una persona querida también es siempre igual, pero al hacerse oír, lo que nos reclama es el énfasis mismo de la voz, no en primer lugar el discurso que produce. Por eso, no me avergüenzo de repetiros, amigos míos, este desafío que tiene una monotonía aparente. Se trata también aquí de una cuestión de conciencia. Cuando era pequeño y mi

---

[2]   «Si crees en dios y no existe un dios, / entonces tu fe es un milagro aún mayor. / Entonces se trata realmente de algo incomprensiblemente grande. / ¿Por qué yace una criatura en el fondo de las tinieblas / e invoca algo que no existe? / ¿Por qué sucede esto? / No hay nadie que escuche la voz que llama en las tinieblas. Pero, ¿para qué existe la voz?» (P. Lagerkvist, «Si crees en dios y no existe un dios», en *Poesie*, a cargo de G. Oreglia, Guaraldi/Nuova Compagnia Editrice, Forlí 1991, p. 115).

[3]   «Es una pobre voz de hombre que no es nada; si no tiene un porqué, nuestra voz debe gritar, debe implorar que el aliento de la vida no tenga fin. Debe cantar, porque la vida existe, toda la vida pide la eternidad; no puede morir, no puede acabar nuestra voz, que pide vida al Amor. No es una pobre voz de hombre que no es nada, nuestra voz canta con un porqué» (M. Campi — A. Mascagni, «Povera voce», en *Cancionero*, op. cit., pp. 300-301).

pobre padre me llevaba a escuchar música polifónica a distintos lugares, siempre me parecía todo igual, una confusión igual. Solo una conciencia más adulta sabe leer en esa música temas y notas y percibe los acordes. Por este motivo no me avergüenzo de repetiros un llamamiento aparentemente conocido —por otra parte, «vida» es una de las palabras más susceptibles de una interpretación genérica—. Sí me da vergüenza, en cambio, tener que deciros y repetiros las cosas que normalmente nos repetimos, pero por otro motivo: porque esta voz todavía no recibe una escucha adecuada en mí. Pero esta vergüenza se ve como redimida por una voluntad indómita, porque la vida es esta indomable tensión por ser traspasada, por ser poseída por algo que, en su fecundidad inimaginable, se llama «lo eterno» y que potencia y enriquece desde ya las cosas en este mundo.

I

En la breve intervención de esta noche, que me gustaría que introdujera de forma sencilla la necesidad que recordaremos mañana, quiero leeros un pasaje del mensaje que ha dirigido Juan Pablo II a los jóvenes no hace mucho tiempo, el mensaje de año nuevo: «La primera llamada que quiero haceros, hombres y mujeres jóvenes de hoy, es esta: ¡no tengáis miedo! No tengáis miedo de vuestra propia juventud, y de los profundos deseos de felicidad, de verdad, de belleza y de amor eterno que abrigáis en vosotros mismos. Hay quien dice que la sociedad de hoy teme estos potentes deseos de los jóvenes, y que vosotros mismos les tenéis miedo. ¡No temáis! Cuando os miro, jóvenes, siento un gran agradecimiento y una gran esperanza. El futuro del próximo siglo está en vuestras manos. El futuro de la paz está en vuestros corazones»[4]. ¡El futuro está en vuestros corazones!

Miedo. ¡Cuántas veces habéis escuchado a vuestros profesores en clase —profesores cuya ignorancia solo es comparable con la presunción que normalmente manifiestan— decir que el miedo es el origen de la religión, es decir, el origen del acto supremo de la reflexión del hombre, el origen de la actitud más llena del intento de superarse a sí mismo que tiene el hombre! Pero, como ya hemos observado muchas veces, se trata de una mentira patente, es una mentira en sí misma, porque el miedo es un sentimiento secundario, nunca puede ser el primer sentimiento. El miedo es el temor a perder algo; por ello, antes que el miedo se da siempre un atractivo, antes que el miedo existe una fascinación, una exigencia, un deseo, algo que te domina en el sentido más bonito y bueno de la palabra, como cuando algo bonito domina los ojos y el corazón. El miedo es el temor a que esto no se cumpla o a perderlo.

Por tanto, el miedo es ante todo el indicador de algo que preexiste, de algo que se da antes, eminentemente positivo, es decir, eminentemente correspondiente con tu

[4]   Juan Pablo II, *Mensaje para la Celebración de la XVIII Jornada Mundial de la Paz*, 1 de enero de 1985, 3.

hechura. Es en un segundo momento, en la relación con el objeto deseado, consciente o inconscientemente, en la relación con las exigencias que apremian en tu corazón, con el deseo impetuoso, con la espera más o menos consciente, es en la relación del sentimiento o de la exigencia que tienes dentro con su objeto, donde se introduce el miedo. Por una parte, se introduce sustancialmente como inseguridad y, por otra, más frecuentemente, como enemistad. Es decir, tal miedo deriva de la falta de seguridad de que el deseo se cumpla o de la existencia de algo malo —todos los cuentos de hadas del mundo, desde este punto de vista, son muy elocuentes— que pueda impedir, que desbarate la relación e impida su realización. Evidentemente, el nexo entre la inseguridad y la presencia de algo hostil es último, profundo, secreto. Para indicar ese algo hostil se ha usado históricamente, y no solo en la concepción cristiana, un término adecuado: «diabólico», eso que tiene también la capacidad de disfrazarse para poder engañar.

Este miedo, que nace como inseguridad, como falta de certeza acerca del resultado o como terror y presentimiento de una fuerza adversa, de una realidad adversa, ¡en cuántos momentos del día y de la noche domina la imaginación y la sensibilidad del joven! Pero también del no tan joven. ¿Creéis tal vez que el hombre a los treinta o a los cincuenta años ya no tiene deseos y exigencias? Los tiene de forma más aguda, porque son más precisos. Por tanto, o el miedo, la inseguridad, la percepción de una adversidad o de una fuerza adversa (pero no invencible), ha matado ya al hombre, o bien, si no está muerto —muerto en el sentido literal, aunque invisible, de la palabra—, exigencias y deseos constituyen la vivacidad, la vitalidad del hombre en cualquier época de su vida. Cuando la trayectoria de su desarrollo ha sido normal, el anciano tiene una percepción mucho más aguda de esos deseos y exigencias y por tanto una tristeza, una melancolía mucho más precisa que la percepción confusa y genérica del joven. Pero yo creo que no es bueno censurar, borrar, olvidar o marginar la percepción de tales miedos e inseguridades, porque constatarlas en nosotros relanza e impulsa la vida hacia un realismo que de otro modo no tendríamos. Esta es la primera observación.

II

La segunda observación es la que más me apremia. Hemos visto que existe una especie de incertidumbre con respecto al resultado de nuestras exigencias más constitutivas: exigencia de verdad, exigencia de amor, de justicia, de belleza, de felicidad, esas que ha enumerado Juan Pablo II. Existe tal incertidumbre ante el resultado que estas pueden tener, ante la posibilidad misma de que sucedan estos ideales, tal incertidumbre ante la posibilidad de alcanzar ese objeto desconocido a través del signo, de la concreción en que muchas veces se oculta, que al final dejamos de perseguir esas metas últimas e inimaginables porque son demasiado «ideales». Buscamos ansiosamente un anclaje concreto, físico, inmediato, alcanzable y tangible para estos ideales, pero sin subestimar su grandeza, porque de otro modo todo se volvería insípido. La incertidumbre ante el resultado de la realización de estos ideales (independientemente de cómo concibamos este resultado, ya sea como horizonte total y totalizante, en los corazones más grandes, ya sea en la cosa —persona, realidad o situación— que casi los concreta de forma aferrable y tangible), la inseguridad y la incertidumbre del cumplimiento provocan incertidumbre en la percepción, la valoración y el reconocimiento de esas mismas exigencias.

Espero que en vuestro diálogo y antes aún en vuestra reflexión, tengáis la posibilidad de comprender bien todo esto, porque es de suma importancia. Es aquí donde el mundo humano empieza a derrumbarse. Porque el fundamento del mundo humano es lo que ha dicho el papa al referirse a que tenéis miedo de vuestros deseos potentes: «¡No tengáis miedo! [...] ¡El futuro [...] está en vuestras manos»[5]. El futuro se construye sobre esos deseos, a partir de esos deseos, de esas exigencias. O, como decía Dante, como «cada cual concibe confusamente un bien en el cual el alma se complace», por eso «lo desea», y para alcanzarlo, «todos luchan»[6]. El trabajo del mundo es esta tensión, esta lucha, este esfuerzo; construimos el mundo mediante

---

[5]   Ib.

[6]   «Cada cual concibe confusamente un bien en el cual el alma se complace y lo desea; por lo cual, todos luchan por alcanzarlo» (D. Alighieri, *Divina comedia. Purgatorio*, XVII, vv. 127-129. BAC, Madrid 2002, p. 278).

este trabajo que surge del impacto buscado, compartido y querido de las exigencias que anidan en el corazón. La incertidumbre frente al resultado arroja su sombra sobre la certeza de las exigencias mismas. Se trata ante todo de una inseguridad, una incertidumbre que juzga las exigencias naturales que se dan en nosotros, las juzga desde el punto de vista de la imaginación que construimos sobre ellas. Por ejemplo, un joven se fija en una chica. Pero la naturaleza le ha dado la exigencia del amor, no la exigencia de «esa» chica. La promesa de la naturaleza puede no coincidir con la ocurrencia de su imaginación (ya se quede en la imaginación, como proyecto, o se entretenga en una provocación concreta presente). La exigencia original es una promesa a la que nunca se renunciará. Mientras que la inseguridad ante el resultado está determinada sobre todo porque la conciencia de estas exigencias provoca en nosotros, más o menos febrilmente, más o menos impacientemente, una imagen de cómo se realizan, de cómo pueden realizarse. Entonces la realidad, al no coincidir con las imágenes, parece decepcionar.

Pero la incertidumbre con respecto al resultado tiene un sabor y un valor mucho más amplio que esta observación que acabo de hacer. Las exigencias que hay en nosotros, de hecho, tienen una pretensión tan grande —y cuanto más conscientes son, es decir, cuanto más humanas son, más tienen esta pretensión, más se dilata esta pretensión— que, cuanto más conscientes son, menos adecuados nos resultan incluso el proyecto y la provocación que algo nos suscita en nombre de ellas, menos adecuados se acaban volviendo objetos y términos. Así es como se dibuja una debacle muy impresionante de lo humano, la debacle de lo humano por la que nos volvemos escépticos frente al ideal. El ideal es algo imposible y, por ello, casi ilusorio —provocador e ilusorio—, y parecemos más realistas y concretos si dejamos de ocuparnos de él. Por un lado se produce una renuncia al ideal y, por otro, el aspecto material de estas exigencias (porque el hombre está hecho de espíritu y de materia, de alma y de cuerpo en cualquier expresión suya) queda como separado de su alma ideal, de su alma infinita y se vuelve como un agua sin cielo y sin vivacidad, un agua muerta, un agua estancada, un agua pantanosa, y uno busca exclusivamente el reflejo instintivo, inmediato, material de tales exigencias ideales, de esos ideales a los que ha renunciado, que se han perdido.

Por lo tanto, la incertidumbre ante el resultado se vuelve incertidumbre sobre las propias exigencias, sobre las exigencias mismas. Un «quizá» maldito se proyecta sobre esos impactos profundos de la naturaleza, sobre esos impulsos, sobre esas promesas de las que nuestra naturaleza está impregnada, que constituyen nuestra naturaleza. «¿Alguien nos ha prometido nunca nada?»[7], se preguntaba Cesare Pavese. ¡Por supuesto que alguien nos ha prometido algo! Es la estructura misma de nuestro yo, de nuestro

---

[7]   C. Pavese, *El oficio de vivir*, Seix Barral, Barcelona 2012, p. 310.

ser, que es promesa; esas dimensiones ideales constituyen y caracterizan de hecho al ser humano.

La incertidumbre ante nuestras propias exigencias se parece, como origen, a la fábula, de esópica memoria, de la zorra que, habiendo visto las uvas y no pudiendo cogerlas, se marcha diciendo: «Están verdes»[8]. Su idiotez se debe a que podía perfectamente ir a coger una escalera si fuera necesario, pero este es un aspecto del discurso que llegará en otro momento. Pues bien, muchas veces, diría que normalmente, es así para nosotros. Decimos: «Quién sabe si existen», y después: «No existen». Muchos amigos nuestros nos dicen esto; y parecen tranquilos al decirlo, porque se puede llegar incluso a un estado de anestesia aparentemente total a este respecto. Pero lo más grande es que, si esas exigencias arraigan y se afirman aunque sea en un solo hombre, significa que lo humano, lo humano como tal, es capacidad de dichas exigencias, aunque todos nosotros estuviéramos anestesiados. Ese hombre se volvería para cada uno de nosotros una provocación insustituible para la reanudación de nuestra humanidad; esas exigencias se reactivarían en nosotros gracias al encuentro con ese hombre.

De hecho, solo gracias a algo existencialmente vivo y potente se despiertan del sueño esos ideales, pisoteados e intercambiados por restos materiales de bajo coste, por así decir; restos en los que siempre permanece en cualquier caso algún reflejo de dichos ideales. Cuántas veces hemos

---

[8]   Esopo, *La zorra y las uvas*, Fábula XIV.

oído decir: «Pero, ¿cuáles serían estos ideales de lealtad, de pureza, de gratuidad, de verdad?». ¡Cuántas personas a nuestro alrededor se ríen ante estas palabras! Pero su risa no es más que la consecuencia última de un malestar, de un cansancio, de una somnolencia, de un escepticismo en la mirada, de un interrogante casi negativo en la mirada, que se da también en nosotros y que es de la misma naturaleza. En ellos, esta negación simplemente ha sido elaborada con más rapidez, ha sido querida con más tranquilidad, ha sido menos combatida por un contexto vivo.

III

Entonces, tercer paso. Estas exigencias apagadas por la inseguridad o, si queréis, por el miedo, se traducen en una humanidad bloqueada desde el punto de vista afectivo. ¿Qué significa «humanidad bloqueada desde el punto de vista afectivo»? Significa una humanidad que se adhiere a algo cerrado. El resultado de esta adhesión puede ser un aturdimiento como el producido por una borrachera. Es como si uno estuviera corriendo, estuviera buscando algo más grande y viera una abertura, una puerta, entrase por ella a toda prisa y se encontrara acto seguido en una prisión. Esto sucede en las relaciones con los demás, con el padre, la madre, los hermanos, con la novia o el novio (es el caso más típico). Pero también sucede con los amigos, con los compañeros, con el resto de hombres, que son compañeros extraños y muy alejados, pero compañeros de camino. Y no pasa solo con los extraños, sino también con los enemigos, con los extraños que te hacen daño o que ves que se hacen daño visible y sensiblemente. Es como si en las relaciones se produjera este adentrarse angustioso por una puerta que aprisiona.

Os he leído en alguna otra ocasión una poesía de Pär Lagerkvist que es preciosa desde este punto de vista. Dice: «Cierra tus ojos, querida, / que el mundo no se refleje en ellos [esto es lo contrario de la exigencia amorosa], las cosas están demasiado cerca de nosotros [nos molestan], esas cosas que no somos nosotros. / Solo nosotros debemos existir, / el mundo a nuestro alrededor ha desaparecido, / el amor [entre nosotros] revela / todo [revela todo: es el puro vacío, es una mera 'sensación' de todo; 'nosotros']. Cierra tus ojos»[9]. Se trata de un círculo.

Pero no es solo una poesía, es una realidad, una realidad que define la mayoría de nuestros gestos, de nuestros movimientos de unos hacia otros, y no solo por lo que respecta a la relación entre el hombre y la mujer. Uno se echa a perder realmente: se ha lanzado hacia el horizonte sin límites, ve una puerta que parece una abertura, se adentra por ella y se encuentra dentro de una habitación cerrada, el «terreno espacio» de leopardiana memoria[10]. Se trata de una prisión.

---

[9]   P. Lagerkvist, «Chiudi i tuoi occhi, cara», en *Poesie*, op. cit., p. 63.

[10]   « ...En mis sueños / tu soberana imagen / ¿cuántas veces faltó? Bella cual sueño, / angélico semblante, / en el terreno espacio, / en los altos caminos de todo el universo, / ¿qué deseo, qué espero / que sea más bello que tus bellos ojos, / que sea más dulce que tu pensamiento?» (G. Leopardi, «El pensamiento dominante», XXVI, vv. 139-147, en *Poesía y prosa*, Alfaguara, Madrid 1990, pp. 197-199).

Es la muerte, la asfixia, el encharcamiento de las relaciones afectivas entre chico y chica, que es lo más triste, lo más triste de ver. Debería ser, en su discreción insinuada o en la alusión discreta, como ver florecer un campo, como ver las flores en el campo y, en cambio, ¡qué tristeza! Porque la estupidez produce tristeza, una promesa de mezquindad, la mezquindad prometida produce tristeza. Y esto se aplica después descaradamente al padre y a la madre, igual que se aplica de modo desalentador a una compañía que quizá se ha despertado y ha surgido por algo grande, por un ideal —como nuestro movimiento, por ejemplo—, o a la relación con los demás, y esto nos vuelve ferozmente extraños, no porque queramos ser extraños (ninguno de nosotros quiere ser extraño, salvo que haya decretado que los demás lo son, como en la poesía de Lagerkvist: «Solo nosotros debemos existir», «las cosas están demasiado cerca de nosotros, esas cosas que no somos nosotros»). Esta extrañeza está no «a un pelo» de la hostilidad, de la enemistad, sino que coincide con el primer paso de la enemistad. Cuando vais en un tranvía lleno de extraños, si sentís un roce en la nalga derecha o izquierda, enseguida comprobáis dónde tenéis la cartera, vigiláis vuestra espalda, porque la extrañeza es una hostilidad potencial. En cambio, si os halláis entre amigos, ni siquiera os dais cuenta de ello.

Uno se echa a perder. Es como si el objetivo, la meta, que era un horizonte grande, se convirtiera en una puerta, una puerta que nos arroja a un lugar cerrado, que nos hace resbalar hacia él. Por ejemplo nosotros, que vivimos el llamado movimiento, identificamos el gran objetivo por el que estamos juntos con la comunidad, con el grupo, como lugar en el que uno debe ser saciado, donde su desequilibrio debería quedar compensado. Entonces, uno pone toda su esperanza en las iniciativas, en la cantidad de horas que podemos pasar juntos, y como esta respuesta no puede ir más allá de cierto límite, y el límite es muy breve, sufre una decepción que le lleva a incubar un resentimiento —incluso cuando no es algo querido—, un resentimiento hacia la comunidad, hacia el movimiento y hacia la compañía, un resentimiento que paraliza. De este modo, en lugar de ser camino a algo, hacia algo («Es bonito el camino para quien camina»[11], «camina el hombre cuando sabe adónde va»[12]), porque ahí está la meta, ahí está la esperanza, ahí está el blanco hacia el que se dispara la flecha del corazón, ahí está el cumplimiento de la exigencia, ahí está la realización de una promesa, en lugar de ser este camino grande, la compañía se convierte precisamente en cloaca o ciénaga. En vez de ser agua que corre, agua viva en la que se refleja el cielo, ya no refleja nada porque está podrida, estancada.

Y entonces, en quien forma parte de la comunidad, en quien participa en la vida del movimiento, esto funciona como pararrayos o simple punto de referencia de toda esta dialéctica o dinámica. Es decir, la comunidad —que es el

---

[11]   C. Chieffo, «La strada», en *Cancionero*, op. cit., p. 339.
[12]   C. Chieffo, «Il popolo canta», en *Cancionero*, op. cit., p. 328.

lugar en el que se despiertan las exigencias, en el que se despiertan las imaginaciones sobre su resultado, sobre su cumplimiento, en el que empieza a aparecer la desproporción— se convierte en el lugar donde arraiga la inseguridad, por tanto donde el miedo encuentra incluso alimento, en lugar de rechazo y oposición. Es terrible cuando uno entra en un lugar que, como tal, es exaltación de la voz original, pero después se queda en él echando la culpa a ese lugar, lleno de resentimiento hacia ese lugar. Entonces la voz se debilita y se apaga.

En cambio, para quien no tiene relación con el movimiento o con una comunidad que tenga como objetivo hacer renacer la voz y acompañarla hacia su destino, acompañar su grito hacia su destino final, quizá el término de referencia último sea la palabra «deber», que es el término más digno para quien no tiene una comunidad o el movimiento: el deber como horizonte de la propia vida. Y el deber como horizonte de la propia vida es, desde cierto punto de vista, incluso más desalentador y trágico, porque es árido; más aún, no solo es árido, sino que exalta la anti-voz. La anti-voz, el anti-corazón es la afirmación de uno mismo, es el orgullo, el amor propio, el propio logro que, en último término, puede reducirse a sentirse bien en conciencia: «En conciencia, me siento bien».

El deber, el sentido del deber, como objetivo último, como horizonte último del propio esfuerzo y del propio compromiso, encuentra su equivalente, dentro de la vida de la sociedad, en la seriedad de la ciencia y de su aplicación técnica. Alexis Carrel, el gran nobel de biología convertido al catolicismo, dice: «Cualquier problema que afecte a uno de los aspectos del hombre, afecta a todo el hombre»[13]. Aquí radica el peligro del desarrollo intelectual: el desarrollo puramente intelectual obstaculiza el desarrollo propio de esa parte del espíritu que no es intelectual en el sentido de la dialéctica o de la aplicación científica. El hombre no es solo esta capacidad. «No se resuelve ningún aspecto del hombre si no se resuelve el hombre». Por tanto, si se confía al deber la salvación de nuestra vida —insisto en esto como límite, como ideal sustitutivo que es un límite porque es abstracto—, es algo tan unilateral, tan abstracto, que la mayoría lo siente como insuficiente; lo siente como tal también por pereza, de acuerdo, pero el deber por sí mismo no salva la vida. Sin embargo, es la característica de la juventud después de la gran pretensión del 68, después de la gran pretensión de la contestación: la juventud pone su esperanza en estudiar o en tener y desarrollar un trabajo.

No se puede resolver el grito de la persona, la voz de la persona, cumpliendo solo un aspecto de la misma. Permitidme que os lea este pasaje del capítulo doce del Evangelio de san Lucas: «Entonces le dijo uno de la gente: 'Maestro, dile a mi hermano que reparta conmigo la

---

[13]   Cf. A. Carrel, *L'uomo, questo sconosciuto*, Bompiani, Milán 1936, pp. 49, 52-54, 249.

herencia'. Él le dijo: 'Hombre, ¿quién me ha constituido juez o árbitro entre vosotros?' [Tenéis los tribunales, id al tribunal para solucionar vuestras disputas]. Y les dijo: 'Mirad: guardaos de toda clase de codicia. Pues, aunque uno ande sobrado, su vida no depende de sus bienes'. Y les propuso una parábola: 'Las tierras de un hombre rico produjeron una gran cosecha. Y empezó a echar cálculos, diciéndose: '¿Qué haré? No tengo dónde almacenar la cosecha'. Y se dijo: 'Haré lo siguiente: derribaré los graneros y construiré otros más grandes, y almacenaré allí todo el trigo y mis bienes. Y entonces me diré a mí mismo: alma mía, tienes bienes almacenados para muchos años; descansa, come, bebe, banquetea alegremente'. Pero Dios le dijo: 'Necio, esta noche te van a reclamar el alma, y ¿de quién será lo que has preparado?'. Así es el que atesora para sí [según su propia imagen] y no es rico ante Dios'»[14].

Esta advertencia dramática o trágica del Evangelio se realiza cotidianamente en nosotros en la medida en que desechamos, es decir, apagamos la grandeza de las exigencias que tenemos en nosotros y redimensionamos su objetivo, cambiando el horizonte grande de lo eterno por una puerta. En la medida en que hacemos esto, se produce en nosotros un malestar, una insatisfacción que se agita y se rebela, un descontento. Y es algo que se transparenta perfectamente en el rostro. Quizá hay algo igualmente constatable, y es cuando uno vive bajo una anestesia total.

---

[14]   Cf. Lc 12,13-21.

Son las dos caras del joven normal: o la anestesia total, que lo vuelve de piedra, de modo que no tiene ni un centímetro de humus donde clavar la mirada o una mano extendida para estrechar otra mano, o bien una insatisfacción que se percibe físicamente. Si se pudiera emplear un resonador, se produciría un estruendo enorme.

IV

Es necesario, amigos míos, que devolvamos a nuestras exigencias toda la amplitud de su horizonte. Debemos devolver a nuestras exigencias toda su amplitud, descubrir la exigencia del amor según toda magnitud, la exigencia de la belleza según todo su alcance, la exigencia de la verdad según toda su amplitud, la exigencia de la justicia según toda su extensión, la exigencia de la felicidad (la gran palabra ridiculizada por todos, la palabra más imposible, que al hombre le resulta imposible repetir con seriedad si no es como voz de la conciencia del destino, como expresión de la conciencia de su destino) según toda su amplitud.

«Según toda su amplitud» porque, cuando se consideran por debajo de su verdadera dimensión, estas exigencias se convierten en una ciénaga, en un engaño, en una mentira, convierten la vida en una mentira, hacen de la vida una máscara.

Hay que devolver a nuestras exigencias toda su amplitud. Hace algunos años, en un retiro nuestro dijimos que el límite —no una limitación de la exigencia, sino el límite—, precisamente porque choca con lo ilimitado de las exigencias, constituye la proximidad del más allá, el presentimiento del más allá que llama a la puerta. Por eso se produce una nostalgia, una nostalgia de algo distinto en cada cosa limitada. «Muéstrame a una dama de extremada belleza; ¿de qué servirá esa belleza sino de escrito en el cual yo pueda leer a quien aventajó a aquella aventajada belleza?»[15]. El límite es el más allá que llama a la puerta, es la proximidad inminente del más allá. Sin esto, la mujer se convierte en ídolo, el dinero se convierte en ídolo, el poder se vuelve ídolo. Con esto, la mujer se convierte en el gran signo, el dinero se vuelve el instrumento del gran servicio y el poder llega a ser la expropiación de sí en favor de los hermanos.

Pero, ¿cómo devolver toda su amplitud a nuestras exigencias? Nuestras exigencias apagadas, ¿cómo se pueden reactivar? No puedo dejar de recordar esa página que para mí —muchas veces en mi vida, en los primeros años y ahora— ha sido y es como una voz de salvación. Jesús iba por el camino y la muchedumbre se apiñaba en torno a él. El jefe de la «mafia» de Jerusalén, que se llamaba Zaqueo, quería verlo porque todos hablaban de él. Como era pequeño de estatura, se subió a un árbol fácil, un sicómoro. Jesús estaba pasando y de repente —imagináoslo, meteos en el ánimo de ese individuo, que nunca había hablado con él ni le había visto— se paró y, mirando hacia arriba, dijo: «Zaqueo, date prisa en bajar porque hoy voy a ir a

---

[15]   Cf. W. Shakespeare, *Romeo y Julieta*, acto I, escena I, vv. 243-245.

tu casa». Las exigencias apagadas se reactivan únicamente gracias a un encuentro, a algo que sucede —¡algo que sucede!— y que, en última instancia, tiene la fisonomía de un encuentro. Sin la fisonomía de un encuentro es como si no hubiera pasado nada. Y Zaqueo corrió a su casa, ¡corrió! Imaginad cómo lo miraba la gente. Corrió a casa y acogió a Jesús, y le dijo: «Mira, Señor, la mitad de mis bienes se la doy a los pobres; y si he defraudado a alguno, le restituyo cuatro veces más»[16]. La exigencia apagada vuelve a estallar gracias a un encuentro, a algo que sucede. La vida, su significado, su destino y su utilidad, su significado como destino y su significado como utilidad, se reactiva por algo que sucede y que, en última instancia, es un encuentro, el encuentro con alguien.

Nuestras exigencias apagadas renacen gracias a algo que sucede. Y este algo que sucede puede ser una compañera o un compañero que en un momento dado, un día concreto, se sentó a tu lado en clase o te dijo al cruzarse contigo: «¡Tómalo!», dándote un panfleto; o bien: «Hola, ¿cómo te llamas?». Que el universo enorme al que nuestra vida está destinada se apoye en un punto, como puede ser un suceso o un encuentro fortuito, es algo grandioso. Pero exige una sensibilidad que se deje tocar, una atención que prosiga la cuestión.

El enorme esfuerzo que hacemos en estos dos días es para dar un impulso a algo que ya hacéis, que hacemos la

---

[16]   Lc 19,1-10.

mayoría de nosotros. Por tanto, no debemos tener miedo, debemos tener valor. Que la renovación de ese aconteci-miento, de ese encuentro —esta es la fisonomía de dos días como estos—, que el renovarse de ese encuentro o de ese acontecimiento encuentre nuestra sensibilidad más capaz que antes y nuestra atención más llena de buena volun-tad. Porque, a diferencia de la primera vez, ahora hace falta algo que se llama «trabajo». Se llama «trabajo», no existe otra palabra. Cristo definió al Padre con esta expresión: «Mi Padre sigue trabajando»[17]. Se trata de una sensibilidad que se deja despertar y de una atención que se pone en movimiento, no de algo que se soporta sin más.

---

[17] Cf. Jn 5,17.

EL ACONTECIMIENTO
DEL ENCUENTRO[*]

Ya brilla la luz de la aurora es ciertamente uno de los himnos más humanos y por tanto más bonitos que se han creado entre nosotros[1]. Tan humano que en él se expresan a la perfección la tristeza, la incoherencia y la impotencia y, al mismo tiempo, el deseo que atraviesa todas nuestras cosas. Ahora evocaremos de nuevo con la palabra lo que se dice en el canto. Cuando escuchamos a Beethoven o a Schubert —y es algo normal cuando nos reunimos—, los sentimientos de grandeza y de belleza que emanan de la música e invaden nuestra alma constituyen un encuentro, un aspecto del encuentro del que hablamos ayer por la tarde, un encuentro que aún no es preciso. Ese acento profundo de humanidad debe despertar también nuestra oración, porque la oración es toda esa música, es toda esa tristeza, todo ese sentimiento de incoherencia, de desproporción,

---

[*]   Lección del 27 de enero de 1985, por la mañana.
[1]   «Ya brilla la luz de la aurora», Himno de las laudes matutinas del domingo. *Libro de las Horas*, Asociación Cultural Huellas, Madrid 2010, pp. 74-75.

es todo ese deseo que no puede ser finito. La oración es toda nuestra humanidad, por eso no existe un estado de ánimo, por muy árido que pueda ser, que impida la oración; como dice Ungaretti, no hay nadie entre nosotros que tenga tan poca voz que no pueda rezar[2].

Debemos odiar repetir las cosas porque nos hagan repetirlas. Aquí sí que tenemos que ser dueños de nosotros mismos. Debemos repetir las palabras para que lleguen a ser nuestras; la vida debe llegar a ser nuestra. La vida es de Otro, pero debe llegar a ser nuestra, en esto consiste la posesión y la libertad.

¿Existiría humanidad sin la pasión por la verdad —decídmelo—, sin el ideal, sin el deseo, sin la pasión, sin la fascinación de la verdad? ¿Existiría el hombre —¡el hombre!—? ¡No! Y sin la fascinación, sin el deseo, sin la tensión hacia la plenitud, hacia la perfección, hacia el cumplimiento o —en su reflejo psicológico— a la felicidad, ¿existiría el hombre? ¡No! ¡Llenad de contenido, si podéis, estas palabras! ¡Pero no se puede! Y sin embargo, constituyen el tejido de nuestra vida.

Debemos tratar de ayudarnos —en esto consiste la amistad— a mantenernos en este nivel de la cuestión, pues en caso contrario nos deterioramos y nuestra vida carece de sentido y de utilidad. Este es el trabajo de nuestra compañía. Pero, retomando lo que dijimos ayer, veamos

---

    [2]   Cf. G. Ungaretti, «La pietà (1928). 1», de *Sentimento del Tempo*, en *Vita d'un uomo. Tutte le poesie*, Mondadori, Milán 1992, pp. 168-169.

punto por punto lo que debemos añadir a la reflexión y al análisis de hoy y de mañana, porque, en el fondo, el reclamo de estos dos días ilumina toda la reflexión de la Escuela de comunidad[3]. La Escuela de comunidad de este año[4] tiene un valor grandísimo, porque se sumerge en el agua humana igual que el feto está sumergido en el agua materna. Debemos intentar no olvidar ninguna frase, ningún apartado del texto. Independientemente de cómo esté escrito y publicado, este texto nos ofrece indudablemente, palabra tras palabra y frase tras frase, un punto de partida nuevo, un punto de partida de vida humana, *en busca del rostro humano*.

Ayer por la tarde concluimos diciendo que debemos devolver toda su amplitud original a nuestras exigencias. Resumiendo, ¿por qué en ciertos momentos en que escuchamos música nos vemos como arrastrados dentro de una ola de humanidad que nos hace volver a ser nosotros mismos, que nos hace sentirnos nosotros mismos? Es como si nos ensanchara. Es como si hasta ese momento hubiéramos estado encorvados, con el estómago pegado a las rodillas, con la cabeza que no puede alzarse porque hay una pared; no podemos movernos ni a derecha ni a izquierda, estamos aplastados, como en el hueco de una escalera y,

---

[3]   La Escuela de comunidad es la catequesis permanente —lectura y explicación de un texto, meditación personal y encuentros comunitarios— del movimiento de Comunión y Liberación.

[4]   Aquel año la Escuela de comunidad tenía como texto de referencia L. Giussani, *El rostro del hombre*, Encuentro, Madrid 1996, que había marcado el tema de los Ejercicios.

por fin, al escuchar ciertas cosas, es como si pudiéramos levantarnos y ponernos derechos, abrir los brazos, respirar y alzar la cabeza. Es el hombre que se yergue en toda su estatura.

Debemos devolver a nuestras exigencias toda su amplitud. «El hombre, monótono universo», dice Ungaretti, «cree que puede extender sus bienes» con su quehacer, «y de sus manos febriles / no salen más que límites sin fin»: todo lo que hace es siempre limitado. Pocas veces se ha expresado con más eficacia la impotencia del hombre para satisfacer, para *satis facere*, para llevar a cumplimiento lo que es: «El hombre, monótono universo, / Cree que puede extender sus bienes / Y de sus manos febriles / no salen más que límites sin fin»[5].

Sigue diciendo Ungaretti: «Soy un hombre herido. / Y me quisiera ir / Y finalmente llegar, / Piedad, donde se escucha / Al hombre que está solo consigo», que está realmente solo consigo mismo; no «solo» en cuanto que elude a los demás, sino «solo consigo» en cuanto que es verdaderamente él mismo. [...] «Y me siento exilado entre los hombres. / [...] ¿Está seca también la fuente del remordimiento? / Qué importa el pecado, / Si ya no conduce a la pureza»: en esto consiste la descomposición, la corrupción. «La carne recuerda apenas / Que alguna vez fue fuerte. / Está loca y usada, el alma. / Dios, mira nuestra

---

    [5]   G. Ungaretti, «La pietà (1928). 4», de *Sentimento del Tempo*, en *Vita d'un uomo. Tutte le poesie, op. cit.*, p. 171.

debilidad. / Queremos una certeza. / [...] Ya no soporto estar tapiado / En el deseo sin amor». Existe un mecanismo que constituye al hombre y que no puede ser bloqueado; pero si no se reconoce su significado, entonces carece de amor, es un deseo sin amor. Es como un mecanismo que se estropea y ya está. Un deseo sin amor, un deseo sin significado quiere decir un deseo que no reconoce aquello de lo que está lleno. Un deseo sin amor es un deseo, un mecanismo, que no reconoce al otro, porque el amor es reconocer al otro. «Ya no soporto estar tapiado / En el deseo sin amor. / [...] Fulmina», oh Dios, «mis pobres emociones», inútiles, «Libérame de la inquietud. / Estoy cansado de gritar sin voz»[6]. «Gritar sin voz» es el deseo sin amor, un mecanismo sin contenido, sin significado, que no reconoce qué es lo que lo despierta y lo relanza. Pero la mayoría de las personas que nos rodean, de las personas de nuestra época, viven sin sentido, porque un deseo sin amor o un grito sin voz es un sinsentido. «Y de sus manos febriles / no salen más que límites sin fin».

El escritor suizo Charles-Ferdinand Ramuz —algunas de sus novelas, publicadas por Jaca Book, son muy bonitas— dice en una novela: «Solo se ama lo que no es duradero en nombre de lo que puede durar»[7]. Esta es la naturaleza del hombre: «Solo se ama lo que no es duradero en nombre de lo que puede durar». Bergson destacó muy

---

[6]   Ib., pp. 168-169.

[7]   C.-F. Ramuz, *Adamo ed Eva*, A. Dadò, Locarno 2014, p. 119.

bien el valor de esta palabra, «duración»[8]. «Se ama lo que no es duradero» significa: se ama lo que no existe, lo que no tiene consistencia, solo «en nombre de lo que puede durar», solo en nombre del ser, de lo que es permanente.

I

Hay que devolver a nuestras exigencias toda su amplitud. Esta es entonces la primera palabra de esta mañana (ya la mencionamos ayer): las exigencias apagadas se reactivan gracias a un *encuentro*. Esta es la primera gran palabra. Es como cuando uno se va de vacaciones en verano y no se acuerda de que se deja en casa plantas y flores. Cuando vuelve se las encuentra completamente secas. Sin un encuentro, sin el encuentro, nuestra vida humana se degrada, se reseca inexorablemente, se vuelve árida, totalmente árida. Y aridez significa inhumanidad. Si no crece lo humano, como algo que se alimenta y vive y se vuelve cada vez más fresco —porque el hombre está hecho de pensamiento y de amor, y en este aspecto no hay edad, más aún, el tiempo que pasa vuelve lo humano cada vez más fresco—, si lo humano no es cada vez más fresco, si no crece en frescura, se vuelve inhumano, deriva en inhumanidad. Lo veis en la mezquindad y en el egoísmo, en la estrechez de la medida con la que se tratan las personas en casa, entre el hombre y la mujer, entre padres e hijos, entre amigos.

---

[8]   Cf. H. Bergson, *Saggio sui dati immediati della coscienza*, Bollati Boringhieri, Turín 1964.

Las exigencias apagadas se reactivan gracias a un encuentro. En lugar de la palabra «encuentro», si vamos al fondo de la palabra «encuentro», podemos usar antes otra palabra: «acontecimiento», algo que sucede. Las exigencias apagadas, descoloridas, deterioradas, borradas, ahogadas, envilecidas, se reactivan solo gracias a un evento, a un acontecimiento, a algo que sucede y cuyo rostro total es un encuentro, cuya definición completa es un encuentro. Pero, ante todo, es un acontecimiento, algo que sucede.

Me gustaría leeros —aunque sea largo— el testimonio de un querido amigo nuestro que ha sido encarcelado por participar en la lucha armada[9]:

«Lo que recuerdo es el miedo y el terror que me invadieron nada más arrestarme. Cuando me conducían maniatado en coche para llevarme al cuartel en Milán, todavía no me había dado cuenta, no de que me habían arrestado, sino de que algo estaba penetrando en mí poderosamente, de que Otro usaba esta circunstancia para hacerme cambiar». El acontecimiento encierra siempre la sensación de «otra cosa», de «algo distinto». El acontecimiento es tal justamente porque sucede prescindiendo de nosotros, tiene como característica que no lo construimos nosotros. Por tanto, la categoría «otra cosa» es un bien a la fuerza. «Usaba los sentimientos, las sensaciones del hombre, el miedo,

---

[9]   Hace referencia a los así llamados en Italia «años de plomo», periodo entre los años 60 y 80 del siglo pasado en que grupos terroristas, tanto de extrema izquierda como de extrema derecha, llevaron a cabo diversos atentados.

el terror, la pérdida de la libertad para hacerme cambiar. Yo había invocado a Dios incluso cuando me declaraba ateo, contra la Iglesia, intolerante. Lo había invocado en los momentos de peligro. Recuerdo bien aquel día gris, en Florencia, en que vi la muerte de un hombre y la posibilidad de morir yo mismo, y mientras huía por aquella calle decía: '¡Dios mío, ayúdame!'. Dentro de mí, de un modo u otro, siempre ha estado esta presencia, incluso en los años o en los meses anteriores al arresto. Evidentemente, dentro de mí se movía algo que no tenía un rostro definitivo. Yo me empeñaba todavía en hacer retroceder la novedad. La novedad consistía únicamente en la memoria de la belleza que había comprendido siendo joven. Es verdad que cuando, aunque sea por un instante, se comprende la verdad, esta te persigue hasta hacerte creer. Yo había llegado a comprender la verdad en la experiencia juvenil. Cuando se comprende esto, independientemente del camino que uno tome, se tiene una especie de nostalgia en lo más hondo del corazón que, si uno es honesto consigo mismo, no consigue sepultar del todo. Y es justamente eso lo que, como un rayo —pero un rayo que se preparaba desde lejos— me cae encima desde el instante en que pierdo la libertad, desde el instante en que me encuentro en una situación de desnudez total, cuando estoy sumido por completo en la tragedia. Entonces me encierran en un calabozo de los carabineros sin ventanas y muy oscuro, con una mesa destartalada, y mi audacia de antes se transforma enseguida en angustia. Me doy cuenta de golpe, en un momento que en realidad dura más de una hora, de todo mi error. Veo el pasado, veo el presente y no veo el futuro, aunque ya desde ese momento se produce una apertura, y esta apertura consiste en que ya no reprimo dentro de mí la palabra 'Dios', la invocación a Dios, el grito dirigido a Dios. Entonces el futuro se abre en una situación de angustia, pero se abre hacia Aquel que es el eterno futuro. Creo que solo en estas situaciones se tiene la certeza de comprender y saber que existe Aquel que es eterno. Desde ese momento, desde que Dios se sirve también de este medio, desde que estoy completamente desnudo, completamente hombre con mis miedos y con toda la problemática del hombre frente a la eternidad» —porque estar en esa situación es como estar frente a la muerte y por tanto frente a lo eterno—, «desde ese momento en que le grito a Dios mi error y en que comprendo el mal que había en mí, encuentro, sin embargo, dentro de la angustia total, una reconciliación que pone en movimiento algo grande. Estoy solo, yo y mi conciencia, yo y mi alma, ya no reprimo el hecho de buscar a Dios: lo busco. Es una invocación continua. Dios se convierte en fuerza y compañía, aunque lo vea como juicio, porque cuando pido ayuda veo lo que he hecho y me da la impresión de que Dios me juzga. Es un periodo que dura quince o veinte días. Durante todo ese periodo estoy en una celda oscura sin posibilidad de hablar con nadie. Entonces lo entiendes todo, entiendes lo esencial de la vida y comprendes, por ejemplo, que el hombre sin Dios se hace daño a sí mismo y a los demás, está incompleto. La vida sin Dios significa que todo está permitido, como observa Dostoievski. Entonces me doy cuenta de que al invocar a Dios asumo responsabilidades y busco a Dios en la oración inventada por mí y también en la oración hecha de recuerdos del pasado, como el Padrenuestro o el Gloria al Padre. En los primeros días existe esta tensión, la oración consiste en pedir que Dios haga algo a la fuerza, como si dijera una y otra vez: '¡Hazlo! ¡Hazlo! ¡Hazlo! Sácame de este lugar'. Al segundo o tercer día, este ímpetu, incluso de rebelión, se disuelve y se convierte en inclinar la cabeza ante una fuerza superior a la mía, que me está llamando. Soy consciente de que había en mí una presencia que he tratado de aplastar y que ahora se deja ver poderosamente. No importa si me vuelvo a rebelar; esta presencia se ha dejado sentir, ha utilizado estos medios —mi vida desesperada, las locuras de la violencia— para dejarse ver otra vez. Empiezo a darme cuenta de que el Señor me pone una mano sobre la cabeza. Entonces me deshago en lágrimas. Yo, que no lloraba desde hacía mucho tiempo, me deshice en lágrimas».

Se produce una desesperación al no ver el futuro inmediato, al verse preso, y sin embargo se vislumbra la semilla de una esperanza. Uno lo entenderá completamente con el tiempo, porque se trata de momentos muy dramáticos y lo que sucede se comprende mejor a la luz de un presente que dice que todo ha servido, que dice que el sufrimiento acerca a Dios y permite comprender muchas cosas. Existe Alguien que, pase lo que pase en tu vida, es más grande que tú, ya se ocupará Él.

Para nuestro amigo se ha producido este acontecimiento, porque el acontecimiento es algo preciso que se puede datar, se puede medir en horas o —como ha hecho él— en días: uno, dos, tres, quince, veinte. De igual modo, en nuestra vida hay algo medible como tiempo, cronológicamente, hay una fecha, un momento o un periodo (no digo con esta ejemplaridad clamorosa, porque el Señor hace pasar por momentos graves a algunos para que sirvan de ejemplo y de edificación para todos, pero lo que todos nosotros hemos encontrado es de la misma naturaleza), hay un momento —lo digo siempre— que tiene un acento determinado. A veces apenas presentido, todavía confuso, todavía nublado; todavía queda algo por completar, pero ya se ha intuido, como se intuye ya en la carta de nuestro amigo, porque un acontecimiento no puede ser un acontecimiento humano si no conduce, no traduce o no desvela la relación con una persona.

Si se trata de un acontecimiento —hemos dicho antes—, es algo distinto, implica algo distinto, y no existe «algo distinto» para el hombre más que un «tú». Quizá es otra persona, inconcebible, inaferrable, como cuando se dice «Dios». Dejemos por ahora la palabra «Dios», pero su contenido, ese algo distinto por el que ese acontecimiento sucede, es inevitable. Es un «tú»: necesariamente debe terminar en un «tú», en una persona. Y esto, amigos míos, es lo que el cristianismo ha traído al mundo con claridad. En una ocasión, un discípulo, un apóstol le dijo a Cristo: «Sigues hablando de este Padre, muéstranoslo de una vez y quedaremos contentos». «Hace tanto tiempo que estoy contigo, ¿y aún no has entendido, Felipe? Quien me ve a mí ve al Padre»[10]. Un hombre, ¡un hombre! Este, amigos míos, es el mensaje, «el» mensaje de la historia y del cosmos: Cristo «centro del cosmos y de la historia»[11]. Este es el mensaje. Por lo tanto, la injusticia suprema es que la mayoría de nosotros no se acuerde de ello, que la gran mayoría de los hombres no lo sepa: «Vino a su casa y los suyos no lo recibieron»[12].

«No se turbe vuestro corazón», dice Jesús pocas horas antes de morir, «'creed en Dios y creed también en mí. [...] Me voy a prepararos un lugar. [...] Y adonde yo voy, ya sabéis el camino'. Tomás le dice: 'Señor, no sabemos adónde vas, ¿cómo podemos saber el camino?'. Jesús le responde: 'Yo soy el camino y la verdad y la vida'»[13]. Ese misterio que da sentido a todo se ha hecho uno de nosotros. Y en el capítulo 15 del Evangelio de Juan, además del 14 que he leído, Jesús dice: «Este es mi mandamiento: que os améis unos a otros como yo os he amado. Nadie tiene amor más grande que el que da la vida por sus amigos. Vosotros sois mis amigos si hacéis lo que yo os mando. Ya no os llamo siervos, porque el siervo no sabe lo que

---

[10]   Cf. Jn 14,8-9.

[11]   «El redentor del hombre, Jesucristo, es el centro del cosmos y de la historia» (Juan Pablo II, Carta Encíclica *Redemptor Hominis*, 4 de marzo de 1979, 1).

[12]   Jn 1,11.

[13]   Jn 14,1-6.

hace su señor: a vosotros os llamo amigos, porque todo lo que he oído a mi Padre os lo he dado a conocer. No sois vosotros los que me habéis elegido, soy yo quien os he elegido y os he destinado para que vayáis y deis fruto, y vuestro fruto permanezca»[14]. Ese acontecimiento, ese encuentro —como he dicho— es obra de Otro, no nace de nosotros, no lo construimos nosotros, no lo elegimos nosotros. Ese acontecimiento implica a otro, ¡a Otro! No podemos concebir humanamente a «otro» más grande que nosotros, que nos determine, que nos condicione, si no es «otro distinto», si no es un «tú». De hecho, la rebelión del hombre se entiende por este motivo porque, ¿qué rebelión podría darse ante las piedras que caen o el alud que nos sepulta?

Este Misterio se ha hecho hombre. Amigos míos, la oración debe coincidir con la memoria, tenéis que imaginároslo. Y cualquier imaginación que tengáis, cualquier imaginación que viváis, es nada comparado con lo que fue y con lo que es. Los soldados que habían sido enviados para prenderlo decían ante lo que pasaba: «Jamás ha hablado nadie como ese hombre»[15]. Imaginémonos a la prostituta del borde del camino: no ha quedado registrado ningún diálogo con ella, solo su cambio profundo. Pensemos en la mirada y la palabra de Jesús a Zaqueo, como también al otro sabueso de Zaqueo, Mateo, cuando, al pasar, Jesús se detiene un

---

[14]   Jn 15,12-16.
[15]   Jn 7,46.

instante y le dice: «Sígueme»[16]. Imaginemos a la Samaritana, que se siente leída y observada a través de su rostro, leída como si fuese una página, como si fuese un libro.

«Igual que a Magdalena, se nos muestre a nosotros el Cristo glorioso; nos salga al encuentro y nos llame aquel que murió y ahora vive. A nuestro camino se una, el corazón arda al oírle»[17]. Él dijo: «Yo estoy con vosotros todos los días, hasta el final de los tiempos»[18]. Ya nada tiene consistencia si estas palabras no tienen valor. «A nuestro camino se una, / el corazón arda al oírle, / y al partir el pan, como entonces, / veremos su rostro viviente»[19]. «Al partir el pan, como entonces», en este gesto habitual, en nuestro gesto habitual. He aquí hasta dónde se concreta el encuentro de forma capilar. El encuentro con el Misterio, el encuentro con Cristo se concreta capilarmente en esa carne y en esos huesos, en esos rostros, en esas voces, en esos temperamentos, en esos gestos con los que te ha tocado. Te ha tocado tal vez haciéndote reír, pero te ha tocado; porque tú te ríes y puedes tomártelo a broma, y puedes decir: «¡No vale nada!», pero, si estás aquí, algo te ha tocado. «A nuestra morada fraterna» un nuevo invitado se acerque: Aquel que está entre nosotros.

---

[16]   Cf. Mt 9,9.

[17]   «Ya brilla la luz de la aurora», en *Libro de las Horas*, op. cit., p. 75.

[18]   Mt 28,20.

[19]   «Ya brilla la luz de la aurora», en *Libro de las Horas*, op. cit., p. 75.

Esto es lo que ya ayer por la tarde nos impresionaba: que el valor absoluto, el Misterio que hace todas las cosas, que se ha hecho un hombre, me toca, me alcanza, se convierte en encuentro a través de un punto físico, a través de ese chico o de esa chica que me ha dicho una determinada cosa, o de ese grupito de gente con el que he ido de excursión, o de esa voz que hablaba, de ese gesto realizado o de esa iniciativa en la que he participado. ¡Dios mío, se trata de un punto infinitamente pequeño, absolutamente infinitesimal! El Misterio que hace todas las cosas me alcanza a través de estas personas, me alcanza a través de esta compañía. «A nuestro camino se una», se une a través de nuestra compañía. «El corazón arda al oírle»: nos toca, no hay nada que hacer, por muy miserables que seamos, en cualquier circunstancia Su palabra nos toca, porque nadie ama nuestra vida como esta voz, independientemente de cómo la usemos, nadie —ni siquiera tu madre— cumple lo que instintivamente tu madre querría para ti: tu felicidad.

«A nuestra morada fraterna / un nuevo Invitado se acerque». ¡Este es el *link*, este es el vínculo entre nosotros! Aunque esté muy lejos de tu mente como conciencia, es esto, es esta Presencia. «Mi alma está unida a ti, y tu diestra me sostiene»[20]. Esta imagen vuelve segura y verdadera también la imagen que creas con tu marido o con tu mujer. Pero si no vives la relación con tu mujer o con tu marido como signo de esto, ¡qué horror, qué repugnancia,

---

[20]   Sal 62,9.

qué corrupción, qué impiedad, pero sobre todo, qué mezquindad! Por eso dice Ofelia Mazzoni, «lo que había aferrado ansiosa en la mano apretada se deshizo», se corrompió, «como por la noche la rosa / bajo la bóveda de la eternidad»[21]. Qué bonita es la rosa y qué fea es cuando está completamente marchita, hay que tirarla. De igual modo tiras tu relación.

Un encuentro presente, por tanto. Para nuestro querido amigo cuyo testimonio hemos leído, se trata de un encuentro presente: si no está presente ahora, tampoco entonces fue un encuentro. Porque se trata de un encuentro que dura —lo ha dicho claramente—, por su misma naturaleza no puede no durar. Puedes olvidarlo —como veremos—, puedes olvidarlo todo el tiempo que quieras, pero es una espina en el costado que no puedes quitarte de encima. Nuestras exigencias apagadas se reactivan gracias a un encuentro. Somos como las personas que, por un ataque al corazón o por un asma grave, ya no pueden respirar (es una de las cosas más terribles de ver, cuando uno no consigue respirar ya, y entonces no puede vivir, hasta que le suministran oxígeno y se tranquiliza). Nosotros solo respiramos a través de un encuentro, un encuentro presente. Es decir, esta presencia es necesaria para que yo exista, para ser yo mismo. No sucede una vez y ya está sino que, una vez que ha sucedido, constituye siempre una

---

[21]   O. Mazzoni, *Noi peccatori. Liriche 1883-1936*, Zanichelli, Bolonia 1930, p. 78.

presencia. Es como un catalizador: sin esta presencia, no sale a flote lo que eres, cae enseguida en la degradación, es decir, en el olvido.

Lo que Shakespeare ponía en boca de Romeo y Julieta —que el uno existía gracias a la otra y viceversa— es verdad (el genio capta siempre la naturaleza de las cosas últimas), hasta tal punto que san Pablo lo afirma de su relación con esta presencia, con lo que había encontrado, que es una presencia, porque si no es presencia queda destruido el encuentro, no fue un encuentro. Dice san Pablo dirigiéndose a Cristo: «Vivo, pero no soy yo el que vive, es Cristo quien vive en mí»[22], es Otro.

Y es ese encuentro que sigue presente lo que proporciona la alegría pascual: «En esta alegría de Pascua / salvados, de nuevo inocentes»[23]; «salvados, de nuevo inocentes», porque cuando las exigencias apagadas se reactivan es como una inocencia o una originalidad que se renueva, es volver a tomar contacto con esa presencia, que es el Misterio absoluto para el que todas las cosas están hechas, del que están hechas todas las cosas, que se ha hecho hombre: «Vivo, pero no soy yo el que vive, es Cristo quien vive en mí», porque Tú eres el camino, la verdad y la vida. ¡Pero este Tú se hace presente en la compañía! Entonces la compañía puede estar sucia, puede ser opaca y mezquina tal como es —y yo también soy parte activa de la misma—,

---

[22]   Gál 2,20.

[23]   «Ya brilla la luz de la aurora», en *Libro de las Horas*, op. cit., p. 75.

y sin embargo el encuentro se hace presente en este punto mezquino todos los días, hasta el final de los tiempos.

<h2 style="text-align:center">II</h2>

Segundo paso: «Se le acercó un joven y le preguntó: 'Maestro bueno, ¿qué puedo hacer para obtener la vida?'. Jesús le contestó: '¿Por qué me llamas bueno? No hay nadie bueno más que Dios. Si quieres entrar en la vida, observa sus mandamientos'. El joven le preguntó: 'Pero, ¿cuáles?'. Jesús le respondió: 'No matarás, no cometerás adulterio, no robarás, no darás falso testimonio, no estafarás, honra a tu padre y a tu madre, ama a tu prójimo como a ti mismo'. Él replicó: 'Todo eso lo he cumplido desde mi juventud. ¿Qué me falta?'. Jesús se quedó mirándolo, lo amó y le dijo: 'Si quieres tu perfección, anda, vende lo que tienes, dáselo a los pobres y luego ven y sígueme'. A estas palabras, el joven se marchó triste porque era muy rico»[24].

Es decir: se puede rechazar el encuentro. El segundo paso es el *rechazo* del encuentro. «La Palabra del SEÑOR vino a mí diciendo: / Oh míseras ciudades de hombres intrigantes, / oh desgraciada generación de hombres ilustrados, / traicionados en los laberintos de vuestras ingeniosidades, / vendidos por los beneficios de vuestras propias invenciones: / os he dado manos que apartáis de la adoración, / os he dado lenguaje, para interminable cháchara,

---

[24] Cf. Mc 10,17-22.

os he dado mi Ley, y establecéis comisiones, / os he dado labios, para expresar sentimientos amistosos, / os he dado corazones, y los usáis para la desconfianza recíproca. / Os he dado la capacidad de elegir, y solo alternáis / entre fútil especulación y acción inconsiderada. / Muchos están dedicados a escribir libros y a imprimirlos, / muchos desean ver sus nombres en letras de molde, / muchos no leen más que las informaciones de las carreras, / mucha es vuestra lectura, pero no la Palabra de DIOS, / mucho es vuestro edificar, pero no la Casa de DIOS»[25].

Nosotros también estamos definidos por lo que dice Eliot en los *Coros de «La Piedra»*. Existe un rechazo del encuentro que puede ser como bajar la persiana metálica para que el gran caminante o el gran comensal —el Misterio que se ha hecho hombre— no pueda entrar.

Escribe Nietzsche: «Un día, el caminante» —no es el gran comensal, es lo opuesto, es decir, es el hombre, yo, tú— «cerró de un golpe la puerta tras de sí […] y lloró» —se enfadó, lloró de rabia—. «Entonces dijo: 'Esta tendencia, este impulso hacia lo verdadero, lo real, lo no aparente, lo cierto, ¡cómo me irrita! ¿Por qué me sigue a *mí* precisamente este sombrío y apasionado intrigante?'» —me fastidian estos reclamos—. «¡Cuántas cosas me seducen para permanecer!», para adherirme a esta exigencia del corazón. «Por todas partes hay para mí jardines de Armida»,

    [25]   T.S. Eliot, «Coros de 'La Piedra'», en *Poesías reunidas 1909-1962*, Alianza, Madrid 1995, pp. 175-176.

por todas partes las cosas me recuerdan estas exigencias, «¡y por lo tanto nuevos desgarramientos y nuevas amarguras del corazón!» hacen falta siempre para apartarme de ellas. Y sin embargo, «tengo que volver a levantar el pie, ese pie cansado y herido; y porque tengo que hacerlo, suelo volver con rabia la mirada hacia lo más bello, ¡porque no supo retenerme!», porque no supo persuadirme, ¡justamente «porque no supo retenerme»![26].

Este pasaje, un poco extraño, de *La gaya ciencia* de Nietzsche describe justamente nuestra posición, aunque no se haya expresado ni sea consciente de forma crítica: se llama religiosidad de la vida, la vida que está hecha de comer, de beber, de novia, de padres, de estudio, de trabajo, de futuro, de pasado, de error, de imaginación. La religiosidad es la vida vivida según el ímpetu de las exigencias últimas del corazón, con la vivacidad y la frescura de estas exigencias no apagadas. Esto es la religiosidad. Y esto nos fastidia. Quizá hay determinados reclamos que acarician de alguna manera nuestros oídos y nuestro corazón, pero los abandonamos enseguida, no los queremos. Y miramos con rostro airado, con rabia, con una enemistad profunda y sorda todo lo que vuelve a proponérnoslos. Pero, en el fondo, como dice Nietzsche con agudeza, es porque nos gustaría vernos obligados a quedarnos en ellos, es decir, nos gustaría que estas cosas, que estas exigencias fueran

---

[26] Cf. F.W. Nietzsche, *La gaya ciencia*, Tecnos, Madrid 2016, p. 233.

tan fuertes, tan convincentes que nos persuadieran a la fuerza. Se elimina la libertad porque, si tengo que ser libre, entonces no las quiero.

Llegado a este punto, me gustaría aclarar el porqué de este rechazo. ¿Por qué se produjo el rechazo del joven rico? Lo que le pedía Jesús ya lo hacía, era un hombre de bien, un hombre honesto que observaba todas las leyes. Entonces, ¿por qué se rebeló? ¿Y dónde está la raíz por la que Nietzsche, al hacer explícito, como genio que es, el secreto de muchos corazones, se irrita frente al encuentro presente, al encuentro que se hace presente y lo reclama? Porque mientras que ser honestos signifique respetar leyes reconocidas por uno mismo o —mejor aún— reconocidas por la opinión normal, entonces consiste en afirmar nuestro yo según la concepción que tenemos de él, según el sentimiento que tenemos de él, según la medida que nos fijamos. Las leyes son una medida ante la cual digo: «Sí, son justas, por eso las observo». No salgo de mí mismo, soy dueño de mí mismo, dueño de reconocer esas leyes y dueño de cumplirlas. Pero esta no es la verdad del hombre. Aquel joven escuchó decir: «¡Eres estupendo!». «Jesús se quedó mirándolo, lo amó». «Es verdad, eres un joven estupendo. Entonces, ¡sígueme!». Pero, ¿con qué derecho me dices: «Ven y sígueme»? «Sígueme» no es una ley de la vida, ir tras de ti no es una ley de la conciencia, no es una ley moral reconocida por la comunidad, por la sociedad; seguirte es otra cosa, es una extrapolación, seguirte es algo extraño, insólito: abandonar al padre, a la madre, abandonar a la novia, abandonar el dinero... ¿Quién podría decir: «Sígueme»? ¿Quién podría decir «¡Sígueme! Abandona padre, madre, novia, dinero» con plena autoridad? ¿Quién podría decirlo con autoridad? Alguien que fuese mi Señor, alguien a quien yo perteneciera.

III

He aquí la gran palabra: pertenencia. El hombre no está definido por las leyes, por la dinámica de las leyes, aunque las reconozca con su conciencia, las vea reflejadas y confirmadas, hasta cierto punto, en la sociedad. No está definido por una comparación entre sí, entre su modo de actuar, y las definiciones teóricas, abstractas. El hombre es alguien hecho por otro, alguien que está en las manos de otro. Como dice el profeta Jeremías: «Mira al alfarero que tiene en sus manos la arcilla y la tornea según lo que quiere, sus manos plasman la arcilla»[27]. La arcilla no puede decir: «Plásmame así», porque no tiene autonomía última, no tiene poder para decir: «Quiero ser así». El «quiero que seas así», la iniciativa de una energía que plasma, pertenece al artista. La arcilla es poseída, pertenece. De igual modo, el hombre pertenece a otra cosa. Se trata de una verdad increíblemente evidente porque o el hombre pertenece, como se dice en antropología, a la línea biológica de la que nace, o pertenece al infinito, a Dios —en el primer caso el

---

[27]   Cf. Jer 18,1-6.

hombre pertenecería al Estado, al poder, y no existe nada más enemigo del hombre que esto—.

El hombre pertenece. «No existía, existo y, por tanto, pertenezco, 'soy de', mi identidad es otro». Esto es lo que salió a la luz, sin que fuera consciente, sin que hiciera una valoración, pero afloró en la conciencia, en el corazón del joven que se marchó triste, porque la tristeza mala, la que te hace retirarte, es la tristeza contra la verdad, contra el ser: «Mi identidad radica en ti, yo soy tú», o mejor aún: «Tú eres yo». Pero en este caso no de forma metafórica, no como signo psicológicamente denso, como en la relación entre el hombre y la mujer amada, sino realmente, estructuralmente. «Mi identidad radica en Otro». ¿Existe algo más verdadero que esto? No existías y existes, por lo tanto perteneces. O perteneces totalmente a la línea biológica de la que procedes, es decir, eres —deberías ser— esclavo de esa línea, esclavo a través de tus padres, que son los dueños, y entonces no se podría hablar de libertad (sería ilusoria por tanto cualquier rebelión que se considera como normal en la concepción moderna de la relación padres-hijos: la rebelión como violencia, la liberación con respecto a los padres o la rebelión como desunión, la desunión en todos los sentidos, como criterio de vida), o dependes, sí, de tus padres, por el aspecto biológico de tu ser, pero lo que se dice del aspecto biológico no puede decirse de todo tu ser, porque hay algo en ti que no deriva de ellos: este es el lugar de la relación con el infinito.

Os invito a releer los capítulos que hablan de Abrahán: el 12, el 15, el 18, el 21 y el 22 del Génesis. Este hombre, ¿de dónde obtuvo su nombre? ¿Por qué su nombre es grande? Su fisonomía, su rostro, su personalidad en la historia, ¿de dónde derivaba?, ¿qué la definía? Estaba definida por esa fuerza que intervino y le dijo: «¡Muévete! ¡Dame esto! ¡Haz esto otro!» y condujo su vida. Cuando Abrahán pensaba: «¿Quién soy?», a la fuerza diría: «¡Yo 'soy de', soy tuyo, oh Yahvé, soy tuyo!». No existe una palabra más grande, una definición más grande que esta: «¡Yo te pertenezco, soy tuyo!». Tratad de pensar, por favor, qué ardor tan distinto tendría, qué corazón tan distinto tiene la vida de forma inmediata cuando uno dice: «Yo soy tuyo». Y a pesar de la inestabilidad, del carácter efímero y de la mentira con que habitualmente se dice esta expresión entre nosotros, entre el hombre y la mujer, existe ya como un instante o una ocasión de respiro. ¡Figuraos cuando esto se dice de verdad! La autonomía que quiere Nietzsche, la autonomía que quiere el hombre, es una rebelión contra uno mismo. De hecho, la lógica de esta rebelión lleva a la locura, no solo en el caso real de Nietzsche.

Por tanto, primero el *encuentro*, segundo la *negación del encuentro*, porque —tercero— el encuentro hace emerger una *pertenencia*. Esta es la idea que tendréis que alcanzar durante toda la Escuela de comunidad de este año: la idea de pertenencia. El hombre «pertenece a», y cuanto más vive esta pertenencia, más vivaz es, más es él mismo, más identidad tiene. Un niño es más feliz, tiene mejor humor, es más vivaz, más divertido y simpático cuanto más seguro está de pertenecer a un hombre y a una mujer. Un niño que no pertenece a un hombre y a una mujer es un niño apagado, un niño que no tiene el sentido de sí mismo, un niño que crecerá con una timidez absoluta o, más frecuentemente —pero también en el primer caso—, con una única ley: la violencia, es decir, la autodefensa. Solo el encuentro cristiano puede, sin psicologismos y sin necesidad de instrumentos psicológicos especiales, cambiar la dirección y propiciar que uno se reconcilie consigo mismo, que pueda tener, poseer, conquistar una identidad propia pacífica, es decir, capaz de relación y de trabajo.

IV

Detengámonos ahora —como cuarta palabra— no en el rechazo a la pertenencia, sino en la *resistencia* a ella. En nosotros no se trata tanto de un rechazo. Puede darse un rechazo: pensad en la figura de ese joven rico que se dirige a Jesús con ímpetu claro, con un rostro limpio, porque era un buen hombre, y en Jesús que le dice: «Eres mío, por tanto sígueme», y entonces el joven se retira. Imagináoslo, imaginad a la muchedumbre que lo mira y a él que se marcha entre la gente hasta desaparecer; imaginad los días posteriores, y los años posteriores y la vida de aquel hombre, bloqueada completamente por una conciencia de mezquindad y de rechazo que antes no tenía. Porque el encuentro nunca nos deja como antes, aunque apenas se insinúe.

No se trata tanto del rechazo cuanto de una resistencia ante la evidencia de la pertenencia: «¡Sígueme, porque eres mío!». Es fantástico leer el Evangelio sorprendiendo en Cristo la conciencia de ser el Señor de la gente cuando usa la expresión «los suyos». «Los suyos», «los míos». Nosotros desarrollamos una resistencia contra esta pertenencia: «El único principio del infierno es: 'Yo soy mío'»[28]. De hecho, el concepto de infierno equivale al hombre incompleto, a la rabia y la angustia de lo incompleto, a la exasperación hasta el infinito, porque «Yo soy mío» bloquea al hombre dentro de un límite que va en contra de su naturaleza, porque su naturaleza es ser relación con el infinito. Es como si uno quisiera respirar y hubiera constantemente una mano que le tapara la boca y la nariz y no le dejara respirar. «Yo soy mío». ¿Qué dinámica tiene la vida de quien afirma esto? La pura reactividad, como instinto y como opinión.

Esta resistencia, por tanto, al apoyarse en la reactividad —instinto y opinión—, es como un intento de dar un valor casi infinito al propio instante. En este instante tengo una reacción. ¿Qué derecho tiene a existir dicha reacción? Existe porque existe, es mía, es una reacción mía: «tengo ganas», «no tengo ganas», «me gusta», «no me gusta». Esto supone «infinitizar» el instante, es decir, que se vuelva norma (la norma es una relación, es una descripción de la relación con el infinito, con la totalidad; la norma es la descripción de la

---

[28] «For the one principle of hell is — 'I am my own'» (G. MacDonald, *Unspoken Sermons*, Cosimo, Nueva York 2007, p. 332).

relación de un dinamismo con la totalidad) la absolutización del instante. En realidad es verdad lo contrario. Solo el infinito puede arrojar una luz de valor eterno sobre el instante. El instante es grande si la luz del infinito se proyecta sobre él, no si el instante pretende ser infinito. El hombre medida de todas las cosas es como la nada que pretende existir. Como dice Jeremías: «Siguieron vaciedades y se quedaron vacíos»[29].

Esta resistencia que se da en nosotros se llama en primer lugar *olvido*, y es la enfermedad mortal que padecemos todos. Nunca lo diré suficientemente, aunque me dé vergüenza repetirlo una y otra vez, pero es lo que más me repito cada vez que me pongo a rezar y consigo hacerlo con un mínimo de atención: no existe nada más evidente, más grandioso que el hecho de que en este instante soy hecho por Otro; si hay algo evidente en este momento es que yo no me hago a mí mismo, tú no te haces a ti mismo. Existe una relación familiar con el infinito —una relación tuya, una relación mía, a pesar de mi cabeza dura y distraída— que es excepcional, es decir, maravillosa. ¡Una familiaridad absoluta! Porque nosotros no solo hemos sido creados, sino que somos creados en cada instante, participamos ahora de esa relación, igual que mi voz es la participación en la vibración de mi pobre campanilla: soy el eco del gesto de Otro, soy el gesto de Otro.

El olvido de que pertenecemos y por consiguiente —segundo aspecto—, la *corrupción*. La corrupción del hombre

---

[29]   Jer 2,5.

es la corrupción de la inteligencia y del afecto; la inteligencia avanza sin criterios y el afecto decide sin ideales y por consiguiente —tercer aspecto— se cae en la *alienación*. Olvido, corrupción, alienación. Vivimos alienados: nos devora aquello en lo que hemos puesto la confianza. Ponemos la confianza en el modo normal de mirar a la mujer o al hombre, en el modo normal de mirar el dinero, en el modo normal de juzgar el estudio o el trabajo, la vida social, el pasado, el futuro, el mundo, con esa infame inconsciencia con la que dejamos al mundo ir hacia su destino. ¡Pensar que en cincuenta años nunca ha habido un posicionamiento de los cristianos de Occidente contra la masacre y la persecución de los cristianos del Este, la más atroz de la historia sin comparación! Y cuando se habla de hambre y de paz, se hace solo desde una instrumentalización política y no por un compromiso, porque si uno lo hiciera por una responsabilidad de su propia existencia, entonces tendría que cambiar antes su propia existencia para poder hablar de paz e implicarse en la lucha contra el hambre. Porque lo primero que debe suceder es una *metànoia*, una concepción diferente de uno mismo y de las relaciones. Nuestra existencia está hecha de olvido, de corrupción y de alienación. Y la alienación suprema es depender de la mentalidad común. Lo escuchamos ayer por la tarde en ese genial pasaje del Evangelio, tan breve como impresionante. Los suyos fueron a buscarlo allí diciendo: «¡Está fuera de sí, está loco!»[30].

---

[30]   Cf. Mc 3,21.

V

Último punto. ¿Cuál es la última palabra sobre nuestra vida? Tendréis que leer Isaías 54,6-8, pero sobre todo el capítulo 11 del profeta Oseas. Leed alguna vez estas páginas de la Biblia y luego decidme, por favor, si habéis encontrado en toda la literatura o en vuestros mismos pensamientos, o en las actitudes de vuestra madre, una bondad y una humanidad tan grandes. Ya me diréis. O Lucas 15. Amigos, nuestra resistencia no es la última palabra sobre nuestra vida. No digo que el rechazo sea la última palabra sobre nuestra vida, sino que la resistencia tampoco lo es. La última palabra sobre nuestra vida la dice Aquel que crea nuestra vida, la dice Aquel al que pertenecemos. Nosotros pertenecemos a alguien que nos ama más de cuanto lo rechazamos. Y, de hecho, su definición es una palabra absolutamente inconcebible para nosotros, aunque creamos comprenderla: *misericordia*. Aunque rechacemos el encuentro y la presencia, aunque nos resistamos con el olvido, la corrupción y la alienación en la que vivimos, aunque nos resistamos, su abrazo a nuestra vida se repite continuamente. Suponed que odiarais a vuestra madre o a vuestro padre, o que les hicierais daño, o se lo hicierais a vuestra novia o a un amigo. Suponed que les hicierais daño con saña, que los rechazarais, y que la respuesta fuera un abrazo, un abrazo imperturbable, como si no hubierais hecho nada malo. Pues bien, la percepción de la misericordia hace que, ante una bondad así, ante el hecho de que yo le ofendo y Él muere por mí, a uno le entre el deseo de cambiar.

Nos hallamos ante una bondad que nos sobrepasa por todas partes. Como le pasó a Judas: «¡Amigo!»[31], le dijo Jesús, mientras él había ido ahí para traicionarlo o para entregarlo. «¡Amigo!». La misericordia es más grande que todas mis maldades, que toda mi resistencia y que toda mi indiferencia; la indiferencia es la hostilidad más grande frente a Dios, frente a Aquel que hace vibrar tu corazón con la belleza, la verdad, la justicia, la felicidad, el amor. La misericordia es más grande que nuestra resistencia, la misericordia es más grande que la indiferencia e incluso que la rebelión. Solo ante la misericordia uno desea cambiar, comprende que debería cambiar y desea hacerlo. Si uno secunda el contragolpe inevitable de la misericordia, desea cambiar. Hay que ser verdaderamente malos para no sentir cómo nace ante la misericordia esa dinámica que es el deseo de cambiar.

Tenéis que leer esos tres pasajes que os he indicado, porque hay que mirar estas cosas a la cara. Para entender bien un rostro hay que mirarlo cara a cara. Si uno traduce en petición este dinamismo inicial, que es deseo de cambiar, se produce el cambio del hombre; el cambio del hombre ya se ha realizado cuando uno pide cambiar. Es decir, ya no es un deseo sin voz, un deseo sin amor, sino que es un amor. El deseo de cambiar puede incluso ser simplemente una cuestión de honor, de dignidad. Pero la petición de cambiar es reconocer la pertenencia, la dependencia de Otro, es

---

[31]   Mt 26,50.

reconocer a Otro, es amor. Daos cuenta de que el proceso, el acontecimiento de nuestro cambio es la respuesta al acontecimiento del encuentro. El acontecimiento del encuentro genera una responsabilidad. «Responsabilidad» quiere decir responder. La respuesta al encuentro es el deseo de cambiar. Y no un simple deseo de cambiar, que puede ser mecánico —es suficiente con que quede un mínimo de dignidad, decía antes, para que suceda—, sino la petición de cambiar, la petición a Cristo de cambiar, que se convierte en petición que dirigimos a la compañía. No es una petición que uno hace a sus compañeros, sino una petición a la compañía, una petición que permanece dentro de uno. Es decir, uno está en la compañía, sigue a la compañía para cambiar. Es un deseo que es como pedir limosna.

En esto consiste la nobleza del hombre: en la petición de cambiar que dirigimos a Cristo y a la compañía, reflejada en el modo con que estamos en la compañía, no con pretensión sino con tensión por cambiar. La perfección se encierra dentro de esta actitud pequeña pero verdadera. Uno renace como hombre cuando pide cambiar. Se trata de un amor, de la afirmación de un amor, porque la petición se dirige a Otro, y es la afirmación de la propia verdad, porque reconoce la corrupción, la resistencia y la mentira propias, pero las reconoce sin esconder el hecho de que se mantiene la naturaleza del corazón, la exigencia de verdad y de belleza.

En vuestra meditación tenéis que tratar de tener siempre presentes estos puntos.

En primer lugar, que el corazón del hombre (nuestras exigencias) solo se despierta a través de un *encuentro*. Un encuentro que se puede *rechazar*, como hizo el joven rico, como Nietzsche: es el espíritu del hombre moderno, que tiende a la autonomía. Este rechazo no es un acto de verdadera libertad, porque va contra la verdad, la verdad suprema de que pertenecemos a Aquel que hemos encontrado. *Pertenecemos a Él*, por eso pertenecemos también al instrumento con el que Él nos alcanza, es decir, la compañía, la comunidad: nos pertenecemos. «¿No sabéis que sois miembros los unos de los otros?»[32], decía san Pablo. Pertenecemos. Existe una *resistencia* a la pertenencia: este es el drama, esta es la dramaticidad de la vida, pero esta dramaticidad nos llama a luchar contra un olvido, una corrupción y una alienación y por eso nos empuja a afirmar a Otro en nosotros, dentro de la vida, dentro del mundo. Si no existimos para Otro, existimos para nosotros mismos: es el principio del infierno, la trampilla por la que nos escurrimos. Pero, gracias a Dios, ninguna resistencia nuestra es la última palabra —aunque estuviésemos dentro de la trampilla, encerrados dentro de la trampilla de nuestro yo—, porque Él es *misericordia*. El amor que nos trae es más grande que el apego que tenemos a nosotros mismos y que nuestro rechazo de Él. La última palabra es la misericordia. Tenemos que volver siempre a ese buen pastor que lo abandona todo para correr en busca de su

---

[32]   Cf. Rom 12,5.

oveja perdida[33], en busca de mí. Es un abrazo que es más grande que toda la imaginación perversa con que tratamos de afirmar nuestra nada. Y esta misericordia hace nacer un deseo de cambiar, por dignidad, por un mínimo de dignidad. Pero este deseo de cambio tiene que volverse petición. Esto es lo que me gustaría que se produjera en nuestra vida: la petición, la petición de cambiar, aunque no tengamos una imagen de cómo cambiar; una petición de cambiar que dirigimos a Cristo, al Dios que se ha hecho encuentro humano, y a la compañía que es la regla, el camino.

---

[33]   Cf. Lc 15,4-7.

LA PACIENCIA DEL CAMINO*

Luigi Giussani: El camino que nos proponemos tiene un inconveniente que se llama «paciencia». Tener que empezar por la raíz, tener que empezar por el sujeto agente, por el factor decisivo en la historia —que es el hombre, el individuo, tú—, implica ante todo una operación a un nivel que no se percibe de forma inmediata, sino que se vuelve perceptible con el tiempo, pero un tiempo que no tiene medida y que exige una gran paciencia, porque nunca se termina. Es como una aproximación experimentable, es la experiencia fascinante de una aproximación. En una aproximación, la meta —la meta percibida por el corazón— se vuelve cada vez más cordial. Por eso es como una pasión cada vez mayor, es un gusto por la vida, es una alegría cada vez mayor. Pero existe el inconveniente de la paciencia, que hay que tener en cuenta.

Por eso se requiere, en primer lugar, la implicación de nuestra persona, la implicación de la raíz, y aquí no existe posibilidad de descargar, no se puede descargar en nada: es preciso empezar por mí. En segundo lugar, todo se produce en la paciencia del tiempo, un tiempo que parece que no pasa nunca. En tercer lugar, siempre se trata de una aproximación. No se llega al meollo, al meollo final, porque el meollo final es la obra completa o —como suele decirse— el paraíso: el paraíso está más allá, es trascendente. En cambio, «los demás», en esta dinámica en favor de la liberación, ponen su esperanza en un proyecto social compartido por ellos, donde el compartir viene impuesto normalmente por la propaganda. Por ello existe una alienación de partida —porque esperan su libertad de un proyecto social— y existe una alienación última, porque esa esperanza en el proyecto social está también dictada por la sociedad y por el poder a través de la propaganda. Tienen la ventaja de que parecen obtener algo de forma inmediata, como aferrar a la mujer, el dinero, aferrar la carrera, la venganza, pero todo marcado por una brevedad patente. Al no darse una paciencia que acerque y enriquezca el gusto y la percepción de lo que está a punto de aferrarse, que está a las puertas de ser aferrado, todo está destinado a la quiebra más grave, al hundimiento. Aferras algo, pero ese algo está destinado a escapar. «Lo que había aferrado ansiosa en la mano apretada se deshizo, / como por la noche la rosa / bajo la bóveda de la eternidad [...] / (y más lo que más me gustaba)»[1], como dice Ofelia Mazzoni en la poesía citada anteriormente. Y esto lleva a la desesperación; el final es

---

[*]   Asamblea del 27 de enero de 1985, por la tarde.
[1]   Ver aquí, nota 21, p. 54.

una desesperación que han tratado de disolver un poco en la idea de progreso. Os sugiero que leáis lo que dice Dostoievski sobre la idea de progreso, sobre la idea de que la finalidad de mi persona es el progreso de la humanidad. No existe nada más inhumano que esto, porque el precio es la pérdida de la persona, la pérdida de la persona por una entidad abstracta que los intelectuales de cada época y de cada corriente definirán de forma distinta. En cualquier caso, *qui habet aures audiendi audiat*, quien tenga oídos para oír, que oiga.

Empecemos. Para ser ordenados, haremos así: les he pedido a los «responsables de hotel» que reúnan ellos las preguntas más significativas. Por tanto, como no podemos estar aquí hasta mañana por la mañana, primero saldrán los responsables de los hoteles —que tienen en sus manos el «producto» de las reuniones de hoy— o quienes ellos hayan nombrado y después veremos.

Intervención: Me gustaría plantear la pregunta que ha hecho un amigo cuando nos hemos reunido en asamblea en el hotel, y que ha producido un poco de agitación. Es un joven que ha venido de Grecia para estudiar economía. Ha dicho: «He llegado a la Católica, os he conocido, he descubierto en vosotros a personas verdaderas y me he hecho amigo vuestro. Pero quería preguntaros: yo estoy con vosotros por amistad, pero vosotros, ¿estáis juntos por la amistad o por la fe?».

Giussani: ¿Y qué habéis respondido vosotros?

Intervención: Nosotros hemos dicho: «Por la fe», pero esto ha creado un poco de confusión, se ha producido un momento de perplejidad.

Giussani: Entonces la respuesta ha sido un poco formal.

Intervención: Un poco formal, exacto.

Giussani: Perdonad, creo que este querido amigo nuestro —al que espero poder conocer— ha venido con nosotros porque ha encontrado una amistad. El mundo está lleno de amistades o de llamadas amistades; entonces, ¿por qué ha venido en realidad con nosotros? Porque ha encontrado una amistad que ha percibido como auténtica. Nuestro amigo se pregunta: «¿Por qué estos son tan amigos?». Y le responderán, esta vez sin formalismos: «¡Porque creemos, porque entre nosotros hay Alguien, está Cristo! Por esta fe nos hemos hecho amigos». Por tanto, somos amigos por la fe. Y es justo que él esté con nosotros por esa amistad auténtica. Pero se ve provocado e invitado a comprender qué es lo que suscita esta amistad auténtica. Es decir, nosotros somos amigos por la fe y él viene por la amistad. La fe es la razón de esta amistad.

Intervención: Partiendo del episodio del joven rico, me gustaría preguntar: ¿qué significa abandonarlo todo y seguir a Cristo? ¿Cómo ha aprendido usted esta posición?

Giussani: ¿Yo?

Intervención: ¡Sí!

Giussani: Una pregunta de este tipo podría ser el título de unos Ejercicios. ¿Qué quiere decir abandonarlo todo por Cristo? Para el joven rico habría significado realmente dejar su casa, su dinero, sus caballos, sus bueyes, y también a las mujeres, e ir detrás de Cristo. Pero abandonar todo por Cristo no se sostiene por sí mismo. Si uno aplicara literalmente la frase, debería abandonar el risotto, el vino y también el agua y moriría en poco tiempo. No se trata de esto —está claro—, sino de percibir, valorar y aferrar las cosas, se trate de lo que se trate, en función de algo más grande, que es el misterio del reino de Dios, que es Cristo. En cambio, lo contrario es aferrarlas no en función de algo más grande, sino como si tuvieran su finalidad en sí mismas, como si, por ejemplo, la relación con la mujer tuviese su finalidad en sí misma.

«Quien quiera afirmarse a sí mismo se perderá y quien se pierda a sí mismo por mí se encontrará»[2]. Esto no es una mera definición abstracta, porque si la finalidad de la relación con la mujer no es la mujer, si la relación con la mujer no tiene su finalidad en sí misma, quiere decir que lo que determina las leyes de la relación, el dinamismo de la relación, es algo más grande. Entonces, la belleza y la verdad son algo más grande, y por ese algo más grande se debe también establecer un orden. Es ese algo más grande

---

[2] Cf. Mc 8,34-36.

lo que establece un orden. Suponed que yo tuviera aquí una pizarra y escribiera A, B y C como símbolos de tres fuerzas libres. Si yo las dejo libres, pueden desencadenarse la una contra la otra y se produce un revoltijo, como sucede en la vida social. En cambio, si A, B y C son tres fuerzas vivas gobernadas por una fuerza más grande, entonces son tres energías que consiguen un orden. Así debe ser también en la relación con la mujer, en la relación con el estudio, en la relación con el trabajo, en la forma de mirar cada uno su pasado, su futuro y su presente. Como dice Platón: «Es bello que quien se atreve con lo que es bello» —la belleza es la finalidad, la belleza es el todo, la belleza es la verdad total, la belleza es la justicia última, la belleza es el destino—, «soporte también lo que tenga que soportar»[3], porque el dolor o la fatiga son la condición para colocar, en el orden querido por algo más grande, los factores que tenemos entre manos. El hombre y la mujer tienen una finalidad, una finalidad justamente múltiple y variada, desde la más general y última, por la que el hombre no es concebible en la totalidad de su humanidad si no es en referencia a la mujer y viceversa, hasta la relación hombre-mujer que tiene una determinada tarea en la vida social, concreta, histórica, que es la familia. Entonces, la relación se debe según estos objetivos determinados o esta misión, esta tarea. Lo contrario a esto, la alternativa, es

---

[3]   Cf. Platón, «Fedro», en *Diálogos III*, Gredos, Madrid 1988, p. 400.

la afirmación del propio gusto, y es el final, el agujero en el que uno se encierra; se llama «egoísmo», por ejemplo. Pero sucede lo mismo con el trabajo como fin en sí mismo, con la carrera como fin en sí misma. «Quien se atreve con lo que es bello» —quien ha descubierto la «gota» en el preludio de Chopin[4]— «soporte también lo que tenga que soportar».

Si hay algo que nos vemos tentados de hacer es convertir el momento agradable en el todo. Pero si hay algo evidente es que el momento agradable es efímero, es decir, no es un fin en sí mismo. Entonces hay que hacer un trabajo, hay que concebir la necesidad de un trabajo; en esto consiste lo humano y en esto consiste la gran amistad: en reclamarse y sostenerse en ello. Al margen de esto, la amistad es una connivencia. Como entre bandidos. Por lo demás, la relación entre compañeros de escuela es normalmente poco más que una connivencia, no llega nunca a ser amistad. Para que se dé amistad hace falta otra cosa. Es lo que les decía a mis alumnos al comienzo del movimiento: «Estáis juntos en clase desde hace siete años y no tenéis una relación de amistad humana ni siquiera incipiente. Sois camaradas, hay una cierta camaradería entre vosotros; sois connivientes cuando tenéis que copiar los deberes o ir al cine, o si tenéis que desviar la atención de vuestros padres cuando vais con vuestra chica. Sois connivientes, no sois amigos, porque la amistad es la ayuda con vistas al

---

[4] F. Chopin, «La gota», *Preludio para piano*, op. 28, n. 15.

destino, es la ayuda en el camino hacia el destino, pues de otro modo no es amistad». En este sentido, ¡tampoco es amistad la de la mayoría de las mujeres y los hombres que se casan!

Intervención: Como el encuentro con el hecho cristiano ha sido el encuentro con esta compañía, para mí es verdaderamente importante cómo es esta compañía. Es verdad que a veces esta puede parecer —como ha dicho usted— mezquina y sucia. Entonces yo me pregunto: ¿por qué quiero continuar en cualquier caso esta relación —es lo más bonito que me ha pasado nunca—? ¿Qué debo mirar en esta compañía? ¿Cómo puede el encuentro con algo que quizá es inadecuado suscitar las exigencias más verdaderas que hay en mí?

Giussani: ¡Perfecto! Imaginad que llego a casa por la noche y digo: «¡Hoy he tenido un encuentro!». «¿Qué encuentro has tenido?», me preguntan. «Me he encontrado con el conductor del tranvía». «¿Cómo que con el conductor del tranvía?». «No», digo, «me he subido al tranvía y estaba el conductor». Evidentemente esto no es un encuentro. En cambio, si he subido al tranvía y mientras el tranvía se ponía en marcha el conductor me ha dicho: «¡Buenos días, reverendo!» —adivinando que soy sacerdote— «¡qué tristes estos tiempos!», y me ha hablado de su hijo que está mal, que está enfermo de cáncer, y de su mujer que, por este motivo, se ha dado a la bebida, y de él, que está solo, pero que tiene fuerza, que siente una fuerza al pensar que en la vida hay un designio de Dios —pase lo que pase—, entonces yo vuelvo a casa completamente afectado y digo: «Hoy he tenido un encuentro». En el primer caso no se trataba de un encuentro, porque el carácter cotidiano normal de una presencia no transmitía nada, no me traía nada más grande. En el segundo caso se trata de un encuentro, porque un hombre, como puede ser cualquier otro conductor de tranvía, lleno de defectos como todos, me ha transmitido algo más grande con su experiencia.

Nosotros hemos tenido un encuentro y la compañía es el lugar de este encuentro, porque la compañía vehicula, es decir, porta algo más grande. Todos son como tú, amigo mío, todos son como yo. Todos son iguales que nosotros, todos somos iguales. Pero hay algo entre nosotros que es más grande que nosotros. El valor de nuestra compañía no es igual a la suma o a la media de nuestros valores, es algo distinto. De no ser así, ni siquiera estaríamos juntos. Por eso en la compañía tú debes mirar aquello que la compañía lleva, aquello que te ha traído. ¿En nombre de qué se te proponen el amigo o la compañía? Aquí está la segunda parte de mi respuesta: tú has sido llamado a medirte con este factor distinto más grande. La compañía o el encuentro te han introducido en una relación tuya con ese factor. Si tú abandonas esta relación, porque la compañía está hecha toda de gente como tú, mezquina como tú, entonces te destruyes a ti mismo y destruyes tu destino. No destruyes la compañía, la compañía permanece con los que están en ella.

La compañía nos introduce en una relación personal con el destino, es decir, con Cristo, una relación personal con tu corazón y con la respuesta al mismo, que es tu destino, Cristo. Por lo tanto, después de que la compañía ha despertado tu persona, después de que las sugerencias y las exigencias de tu corazón —como dije ayer por la tarde y esta mañana— han sido despertadas por el encuentro, tú devuelves a los amigos que te han llamado una mirada distinta, más compasiva. Los comprendes mejor en su mezquindad, pero los perdonas, tienes piedad de ellos, porque en ti ha nacido una relación más grande. No estás sometido a nada, mucho menos a la compañía; estás ligado históricamente a ella, eres llamado con ella y a ella («llamado»: vocación), pero no estás sometido a ella.

Intervención: Por mi experiencia, tengo claro el presentimiento —a través de la fidelidad de la compañía, de algunos amigos— de la fidelidad que Otro más grande tiene hacia mí, pero se da también una especie de timidez a la hora de reconocerlo y de abandonarse a Él. ¿Cómo fiarse de quien te ama, aunque se te presente como alteridad?

Giussani: Es decir, ¿cómo se puede superar esa timidez? Se trata de una objeción bonita y muy verdadera. A través de la compañía se da algo más grande que se te manifiesta como amigo. Y sin embargo sientes una timidez ante él. Un poco porque ante él, en este descubrimiento, te manifiestas más a ti mismo en tu limitación. Se debe en definitiva a la singularidad misma, a la grandeza misma de la relación. Por lo demás, amigo mío, no eres el único que tiene esta objeción. Piensa que uno de los más grandes padres de la Iglesia —que dio origen a todo el pensamiento de santo Tomás de Aquino y que durante seis o siete siglos determinó el pensamiento de toda la historia de la Iglesia—, que se llamaba Dionisio el Areopagita (del que he citado muchas veces una frase preciosa sobre el amor al hombre: «¿Quién podrá hablarnos del amor al hombre propio de Cristo, desbordante de paz?»[5]), dice en un momento dado: «Cristo, si se me permite decir, mi Cristo»[6]. Se puede ver que él también estaba lleno de timidez. Basta con que no prevalezca esa timidez, con que no sea mayor que la certeza de su amor o de su misericordia, porque entonces lo destruye todo, entonces es una falsedad. Si no es así, esa timidez está bien. Basta con que no te impida mirarlo, escuchar sus palabras en el Evangelio, más aún, beberlas, imaginártelo y pedir su presencia. Si no te impide esto, puedes incluso ser tímido. «Cristo, si se me permite decir, mi Cristo».

Intervención: Tengo dos preguntas. La primera: ¿cómo se manifiesta de forma concreta en nuestra amistad la misericordia de Dios? Y luego, relacionada con el joven rico, que era un hombre honesto, ¿cómo podemos evitar el

---

[5]   Pseudo Dionisio Areopagita, *De divinis Nominibus* 953 A 10.

[6]   Pseudo Dionisio Areopagita, «La jerarquía celeste», en *Obras completas*, BAC, Madrid 2007, p. 114.

moralismo entre nosotros, cómo podemos evitar sentirnos satisfechos una vez que hemos hecho todas las cosas que el movimiento nos pide y que nosotros y los demás consideramos como las más adecuadas?

Giussani: Repite la segunda pregunta.

Intervención: Me gustaría saber cómo podemos evitar ser moralistas entre nosotros, nosotros que hacemos cosas que, quizá, vistas desde fuera, no son normales o lógicas, pero que nosotros mismos percibimos como normales y que, al hacerlas, quizá, nos sentimos satisfechos y honestos.

Giussani: ¿Cómo se manifiesta la misericordia de Cristo en nuestra compañía? En primer lugar, nuestra compañía es la única compañía en la que, independientemente de lo que hagas, del error que puedas cometer, de la lejanía que puedas establecer, incluso después de treinta años, si vuelves, te abrazan como si te hubieras ido la noche anterior. Y tú encuentras nuestra compañía tal como la dejaste, con la misma palabra, la misma esperanza y el mismo corazón. Solo existe una comparación posible en la naturaleza, que son los padres, aunque hasta cierto punto, porque no tienen poder para ir más allá de cierto límite.

En segundo lugar, esta misericordia debe realizarse en nuestra compañía como comprensión del otro. Lo dice una frase del Evangelio, que san Pablo retoma con mucha agudeza cuando dice: «¡No juzguéis!». Porque el dato, el hecho que una persona realiza se puede juzgar, pero nunca se puede juzgar a la persona. «Ni siquiera yo me pido cuentas»[7], dice san Pablo, porque solo Dios juzga —es el único que puede ponderar todos los factores en juego—. La compañía es el lugar de la misericordia porque nadie debe juzgar. No existe nada más contradictorio con nuestra compañía que el cotilleo, el chismorreo que expande el mal. De vez en cuando, tapad la boca de quien habla mal con un puñado de tierra. ¡Pero no lo ahoguéis, ¿eh?!

En tercer lugar, la misericordia no apaga nunca las mechas humeantes. Aunque la comunidad pida cien y uno siente que puede dar uno, lo abrazo porque me da uno, le doy las gracias porque me da uno. No le digo: «¡Podrías dar más!», no lo digo. Y sigo diciendo: «¡Dadnos cien, dadnos cien!», y si uno sigue dándome uno, me da uno. Es hermano porque me da uno, y nadie lo juzga.

En cambio, el problema del moralismo es más complejo. Me gustaría explicar esto bien, aunque resulta un poco difícil hacerlo. Sin embargo es algo muy grande, es algo que revela la revolución que se produce en la vida cristiana, en la humanidad, en el rostro humano cristiano y en el rostro humano habitual. Aquí el rostro humano cristiano tiene una conexión profunda con los primeros años de la vida del hombre, es decir, con la relación del niño con sus padres.

La moral es la participación leal en un hecho, en un acontecimiento. Por ejemplo, imaginemos que estamos en

7   1 Cor 4,3-5.

guerra. Yo soy leal al ejército de las fuerzas de liberación, participo en todas las acciones, obedezco, etc., pero lo que me hace ser leal es el amor a la finalidad por la que lucho. Ahora, sin inventar ninguna comparación, tomemos la comparación natural, la del niño. ¡Cuántas veces pongo este ejemplo! Es el ejemplo más patente. Pero es análogo a cualquier otro caso en que entre en juego el amor, porque participar en un hecho quiere decir adherirse, implicarse, amar. Por eso dijo Jesús que toda la ley se reconduce a una sola palabra: amar[8]. Amar significa afirmar otra cosa. Entonces mi obediencia, mi adhesión, consiste en afirmar algo distinto de mí, no en poner en orden mi conciencia o en decirme: «Soy un buen hombre», o en acallar, quién sabe, un futuro. En *Pensieri improvvisi* de Siniavski[9] se recoge un pensamiento sobre la existencia de Dios que es análogo a lo que voy a decir a continuación: la moral es adherirse a un hecho.

Un niño crece bien si se adhiere al hecho del que forma parte, es decir, a la familia, al padre y a la madre. Crece bien no porque los padres lo sienten al otro lado de la mesa y, utilizando una pizarra, le den lecciones sobre el comportamiento ético, sobre las leyes morales (aunque, obviamente, el padre y la madre no pueden dejar de traducir en definiciones morales breves determinadas cosas que les apremian). El niño crece porque tiene los ojos como platos

---

8   Cf. Mt 22,35-40.

9   Andrei Donatovic Siniavski (1925-1997), escritor disidente ruso.

mirando a su padre y a su madre y tiene el corazón abierto a su padre y a su madre, y entonces se adhiere; se adhiere a las inclinaciones, los impulsos, los acentos de sus padres, y de este modo crece. Esto es la moral: la participación en un hecho orgánico, la participación orgánica en un acontecimiento, si este acontecimiento tiene que ver con mi vida (como para el niño sus padres, que tienen que ver con su vida porque tienen que educarlo), si es una compañía hacia el destino. La adhesión a la compañía hacia el destino: en esto consiste la moralidad cristiana. Porque la compañía hacia el destino se llama, con un término original, 'Iglesia' o, mejor aún, 'comunión'. La participación en este hecho produce determinadas actitudes por ósmosis, por presión osmótica; este es el modo más sano para cambiar nuestro rostro, para crear una *metànoia* —como dice el Evangelio[10]—, una mentalidad nueva.

En cambio, el moralismo es una descripción de leyes de comportamiento, una definición de modos de comportarse a los que uno debe adecuarse; se adecúa a unas leyes para poder estar bien, para sentirse bien. Daos cuenta de que, mientras que en el primer caso uno está volcado hacia fuera, es decir, afirma otra cosa, en el segundo caso está totalmente volcado hacia dentro, porque todo se juega dentro de él: «Soy capaz de adecuarme a esto». Igual que el fariseo en el templo: «Señor, yo no soy como ese desgraciado que está al fondo, yo pago los diezmos, no cometo adulterio,

---

[10]   Cf. Mt 4,17; Mc 1,14-15.

soy un buen hombre»[11]. Y era verdad que lo hacía, pero era falso. En el primer caso, de hecho, uno está continuamente en tensión, extro-vertido, volcado hacia otra cosa; en el segundo caso, en cambio, uno calcula, está lleno de cálculo, como el joven rico. El joven rico fue hacia Cristo para plantearle una pregunta, esperando una respuesta que se pudiera reconducir a algo que ya sabía. En cambio Cristo lo «partió por la mitad», porque le dijo: «Sígueme»[12], es decir: «¡Adhiérete a este hecho que soy yo!». En el moralismo, la definición de los comportamientos justos viene dada e impuesta inevitablemente por la cultura dominante. La cultura dominante decide cuáles son los comportamientos justos en los aspectos que a ella le interesan (como por ejemplo, en estos tiempos, la honestidad, apelar a las personas honestas, en función de una determinada política o de un momento concreto). El moralismo es una comparación con una ley, es una aplicación físico-matemática de una ley, de una dinámica, y naturalmente uno percibe la definición según lo que él piensa, es decir, según lo que siente, porque no existe ningún otro criterio, ningún otro tribunal para juzgarlo que no sea la mentalidad común, la cultura común. Por ello, en el fondo, en el moralismo uno siempre es esclavo de la mentalidad común, o bien de la mentalidad que está en el poder. Mientras que la moralidad es la adhesión orgánica a un hecho que realiza tu vida en su verdad. Por eso la Iglesia

---

[11]   Cf. Lc 18,11-12.
[12]   Cf. Mc 10,17-23.

reconduce todo a una única ley, que es la caridad, es decir, el amor. El amor es el reconocimiento de que el sentido de mi vida es otra cosa, de que el significado de mi vida es algo distinto, eres Tú. Entonces yo te busco en todo, es decir, todo lo llevo a cabo en función de tu reino, es decir, de tu significado, que debe afirmarse y manifestarse.

Todo esto resulta evidente en el joven rico. El joven rico había cumplido todas las leyes, y fue a decirle a Jesús: «¿Qué me falta?», esperando, en el mejor de los casos, que Cristo le diera otra ley, una nueva ley. En cambio Cristo lo pone todo patas arriba, le dice: «¡Sígueme!», es decir: «Debes adherirte a una presencia». Daos cuenta de que esto ya lo había dicho Jesús cuando respondió: «No he venido para abolir ni una coma de la ley, sino para hacerla posible, para hacerla verdadera»[13]. Ahora bien, se respeta verdaderamente una ley, es decir, se vive verdaderamente esa ley cuando uno ama aquello en base a lo cual surge esa ley, es decir, aquello en función de lo cual existe esa ley. Si uno no ama el acontecimiento en función del cual existe esa ley, entonces no respeta la ley realmente, sino que se obedece a sí mismo, de hecho, las leyes siempre se acaban interpretando. Por ello, incluso en la vida social y política, la honestidad deriva de aquello en lo que tú realmente participas, procede de aquello de lo que tú te reconoces propiedad, de aquello a lo que perteneces. Y es aquello a lo que perteneces lo que te salva o no te salva, no las leyes.

---

[13]   Cf. Mt 5,17.

La parábola del fariseo y del publicano es preciosa. El publicano, al fondo del templo, decía: «Ten piedad de mí, Dios mío, que soy un delincuente»[14]. Y el Evangelio no dice que, una vez que saliera de allí, ya no volviera a equivocarse, no lo dice. «Ten piedad de mí, Dios mío». ¿Qué marcaba la actitud de ese hombre postrado al fondo del templo, que no se atrevía a ponerse delante? El hecho de que pertenecía a Dios. ¿Qué es lo que animaba al fariseo engreído delante del altar? El hecho de que respetaba las leyes. Para el fariseo el factor esencial era él, para el publicano el factor esencial era el Dios al que pertenecía y al que había fallado. Por eso lo que más escandaliza en el cristianismo es la respuesta de Dios, de Cristo, a los apóstoles. Le preguntaron: «¿Cuántas veces tenemos que perdonar?». «Siempre»[15]. «¡Entonces es muy cómodo: uno se equivoca y después se le perdona!». Es una objeción que escuchamos mil veces. Es difícil entenderlo, porque la mayor dificultad es comprender la diferencia entre moralidad y moralismo.

La verdadera conversión —*metànoia*—, el verdadero cambio de la percepción de uno mismo es reconocer que pertenecemos a otra cosa, igual que los niños, por así decir, pertenecen a los padres (lo que no es verdad en última

---

[14]   Cf. Lc 18,13.

[15]   «Acercándose Pedro a Jesús le preguntó: 'Señor, si mi hermano me ofende, ¿cuántas veces tengo que perdonarlo? ¿Hasta siete veces?'. Jesús le contesta: 'No te digo hasta siete veces, sino hasta setenta veces siete'» (Mt 18,21-22).

instancia, porque pertenecen a algo más grande) y no a las leyes, y por consiguiente al poder que las promulga y las defiende.

Intervención: Ha hablado usted de deseo de cambio y de petición, de cómo este deseo de cambio se convierte en una petición, tanto a Cristo como a la compañía. Me gustaría entender mejor en qué consiste esta petición a la compañía, porque usted ha precisado: no es la petición a los compañeros, que puede convertirse en una pretensión. Le pido si puede volver sobre este punto.

Giussani: He dicho que si uno se da cuenta realmente de que la última palabra del Ser, del Misterio de las cosas, no es la condena, la justicia («¡Paga! ¡Te has equivocado, tienes que pagarlo!»), sino que es Dios que muere por el hombre, ese absurdo que se llama «misericordia», entonces se produce en él una conmoción, un deseo de cambiar. «¡Me gustaría cambiar!». Este deseo, este «me gustaría», que es deseo, empieza a convertirse en cambio cuando se vuelve petición: «Te pido que me cambies». Porque entre el «me gustaría», entre este deseo casi instintivo, y la petición, pasa el infinito, del cero al hecho. El primer hecho humano —más aún, el único en el fondo— es la petición. La compañía es el lugar, es el instrumento que Dios ha usado para encontrarse contigo y es el instrumento que usa para invitarte al cambio. Por ello, la prueba de que tú pides a Dios el cambio con sinceridad es que estás atento a los reclamos de la compañía. Lo consigas o no lo consigas, sin enfurruñarte porque la compañía te pide cosas de las que todavía no te sientes capaz o que no quieres hacer, di: «Señor, ten piedad», y di también a tus compañeros: «Perdonad, no consigo hacerlo de otro modo. ¡Pedidle a Dios por mí, para que pueda cambiar pasado mañana!».

Intervención: Volviendo a la parábola del joven rico, me preguntaba cómo puedo comprobar, saber si lo que hago, si mi forma de moverme es para seguir un ideal mío o para afirmar a Otro.

Giussani: Sí, es una pregunta muy justa, solo que no me resulta fácil explicitar la respuesta. Antes de nada, me gustaría pedirte que te fijes en lo que sientes en el corazón. Si en tu corazón sientes, albergas una voluntad de éxito, entonces se trata de moralismo. En cambio, si es una petición de cambio —aunque emplearas incluso ochenta años, se trata de un camino en el que aceptas caminar, sea cual sea e independientemente del resultado—, entonces se trata de amor a algo. Me atrevería a decir que la impaciencia y la paciencia son los dos síntomas, respectivamente, del moralismo y de la moralidad verdadera, esto es, la pretensión de tener éxito o la humildad a la hora de intentarlo una y otra vez. Siempre pongo esta comparación que me ha sugerido un texto de san Ambrosio[16]. Supongamos que un hombre se equivoque gravemente todos los días, y todas

---

[16]   Cf. San Ambrosio, *Explanatio Psalmi* 1,22, *Explanatio Psalmi* 36,51.

las mañanas, cuando se levante, diga: «Dios mío, te pido que me permitas atravesar mi mal, remontar este mal mío»; imaginad que alguien se equivocara todos los días, y todas las mañanas, con la misma inmediatez y frescura, con la misma sinceridad, suplicara a Dios y, según pasara el tiempo, cada vez más humildemente y cada vez más profundamente, le pidiera a Dios: «¡Dios mío, ayúdame!», y durante cincuenta años siguiera caminando así. Ese hombre sería un santo, ¡y se equivocaría todos los días!

Intervención: Mi pregunta es sobre la imaginación. ¿Para qué se nos da, si por su propia naturaleza no capta nunca el objetivo de la realidad de las cosas? Me pregunto: ¿se trata de una huida? ¿Cómo evitar que acabe haciendo un proyecto sobre la existencia? ¿Cómo puede dejar de ser enemiga del Misterio? ¿Y cómo puede ayudarnos a introducirnos en la pregunta acerca del Misterio, acerca de lo que es distinto de nosotros?

Giussani: Una pregunta preciosa, aunque un poco difícil. La imaginación se nos da para dos objetivos inmediatos. En primer lugar, como lugar donde se vuelve vivaz la memoria. De hecho, nuestra primera tarea, después de habernos topado con Cristo, o de habernos topado con su signo, que es la compañía, es la memoria. Es recordar el ejemplo, recordar esa página del Evangelio, recordar a ciertas personas que tienen un determinado comportamiento admirable que me ha asombrado. Entonces la imaginación me ayuda a identificarme con esas cosas. Hay formas y formas de leer el Evangelio y la imaginación es un factor muy importante, porque me permite identificarme con ese hombre que está ahí, con Zaqueo, que baja del árbol. La imaginación tiene ante todo el valor de refrescar la memoria, de hacer que esté presente, porque me permite identificarme con ella.

En segundo lugar, frente al ideal que yo percibo con el juicio —porque el ideal es el contenido de la inteligencia—, la imaginación me ofrece un proyecto en el que yo trato de realizar el ideal. Pero el proyecto, lo sé previamente, nunca es igual al ideal, por eso estoy dispuesto a cambiar continuamente. Y si, al término del proyecto, me doy cuenta de que falta mucho, o de que me he desviado treinta grados en lugar de avanzar derecho, entonces no me detengo, no me bloqueo en mi proyecto, sino que cambio con agilidad. Daos cuenta de que esto no es algo abstracto. Imaginad a un chico que tiene el deseo sincero de formar una familia bonita. Un día mira a una chica que le parece que está bien, se acerca ella y descubre que ya está prometida. Esto no le hace desesperarse. Si está apegado a su proyecto, se desespera, se hunde con el peso muerto de su naufragio. En cambio, si está apegado al ideal, ¡es ágil! Y se salva a través del dolor o del sentido del humor.

Intervención: Tengo un amigo que tiene vivamente presentes las exigencias de las que hablabas ayer por la tarde y también hoy, como tensión en cada instante del día. Él ha tenido el mismo encuentro que he tenido yo, pero no ha sabido reconocer este factor distinto y ha renunciado. Te pregunto: ¿por qué sucede esto y qué tengo que hacer yo ante una situación así?

Giussani: Esto sucede porque el Señor —es una ley fundamental que él ha revelado con la historia del pueblo hebreo— lleva adelante su designio en el mundo, que es la salvación de todos, a través de la salvación de algunos. A través de algunos comunica a los demás, a través de un pueblo ha enseñado al mundo lo que tenía que suceder y a través de nosotros, que hemos sido llamados con el bautismo, a los que se nos ha dado el bautismo, él quiere comunicarse a los demás (seremos juzgados por esto, porque esta es la tarea suprema de la vida). «Yo me compadezco de quien quiero»[17], dice Dios a Moisés en el Éxodo. Es decir: «Yo elijo a quien quiero», «es mi designio». Es el carácter absoluto de su libertad. Y tú que has sido llamada, solo tienes que hacer una cosa: ser verdadera en tu camino, tratar de ser verdadera en tu camino, no pretender nada, nunca, sino buscar ser verdadera desde la humildad. «Humildad», que tiene como raíz *humus*, es la palabra más bonita que existe, porque está hecha de dos cosas: de la conciencia de nuestra propia nada y, al mismo tiempo, una plenitud de certeza y de leticia[18]. Estos son los dos componentes de la

---

[17]   Ex 33,19.

[18]   Este término, insustituible en el lenguaje de don Giussani, corresponde al gozo y sosiego espiritual que la fe imprime en el fondo estable de la conciencia del creyente. Del latín *laetitia*, la Real Academia de la Lengua Española (RAE) lo contempla como: alegría, regocijo, deleite.

humildad. Certeza no en ti, porque no eres nada, sino en Aquel que te ha llamado; y si te ha llamado es para llevar a término su obra, como dice san Pablo en el primer capítulo de la Carta a los Filipenses[19]. Por lo tanto, la fuente de mi seguridad y de mi leticia está en tu presencia, oh Señor. Esto no es abstracto, porque me has llamado, ¡es un hecho histórico!

Intervención: Para mí es evidente —en todo lo que se ha dicho y en mi vida— que el fondo de toda objeción, de toda indiferencia, es no reconocer afectivamente lo que uno capta incluso a nivel intuitivo. Es como una lucha entre Dios y yo, en la que al final es la misericordia de Dios la que vence. Sin embargo, me gustaría entender mejor por qué la misericordia no va contra mi libertad y mis exigencias, y por qué entonces la libertad no queda derrotada por esta victoria de Dios.

Giussani: Se trata de un tema kafkiano. Kafka, en una frase que creo recordar entera, dice: «No estoy para nada solo, porque he recibido aquí una carta de amor, y sin embargo sí, estoy solo, porque no he respondido con amor»[20]. La misericordia consiste en que, incluso si tú no has respondido con amor, Dios sigue enviándote su carta y

---

[19]   «Esta es nuestra confianza: que el que ha inaugurado entre vosotros esta buena obra, la llevará adelante hasta el Día de Cristo Jesús» (Fil 1,6).

[20]   F. Kafka, «53. [Praga,] 28.XII. [1917]», en *Lettere a Ottla e alla famiglia*, Mondadori, Milán 1976, p. 85.

tú eres libre de responder. La misericordia radica en que la propuesta de Dios nunca se detiene ante tu decisión, porque tu decisión nunca es definitiva. El mal ya no define al hombre, porque lo que define al hombre —y solo se puede definir al hombre teniendo en cuenta su posibilidad, igual que a una semilla de álamo no se la define en centímetros cúbicos, sino por su desarrollo, por su posibilidad de convertirse en un gran árbol— no es lo que el hombre comete, sino la misericordia de Dios, es decir, la posibilidad sin fin que Dios le propone. Por esta razón, el error del hombre es continuamente reversible. Pero recurramos a otra explicación sobre el concepto de libertad. La libertad no es hacer lo que a uno le apetece o lo que uno decide. La libertad consiste en adherirse, en adherirse con nuestra energía, con nuestro corazón a lo que cumple nuestra persona. La libertad consiste en amar, en afirmar con nuestra energía lo que cumple nuestra vida. Por ello, si tú no lo afirmas, al final, ni siquiera Dios puede impedir que tu vida deje de cumplirse —se llama infierno; el infierno es esto—. Pero hasta el límite extremo, es decir, durante toda la vida, Dios te propone una y otra vez la posibilidad de adherirte a él, aunque tú lo maldigas. Mientras lo maldices, Cristo muere por ti, es decir, te dice: «Ven». Mientras lo traicionas, te dice: «Amigo, ¿a qué has venido?».

Intervención: ¿Cómo puede ser la vida cotidiana y, de forma especial, las relaciones entre nosotros, como una nueva propuesta de las características del «Sígueme» que Cristo le dijo al joven rico, es decir, un ofrecimiento total y una invitación a una respuesta total, rompiendo así cualquier horizonte reducido y cualquier costumbre en la que tendemos a encerrarnos?

Giussani: Tú mismo has dado la respuesta que, además, yo había señalado antes. Has hablado de horizonte reducido. Imaginad a un joven que estudia filosofía o física, lo veis ahí, mientras estudia. «¿Para qué estudias?». «Estudio para aprobar el examen». Es un pobrecillo, porque el motivo no guarda proporción con lo que él es. Imaginad a un chico y una chica que se van, cogidos del brazo, por una calle en penumbra, las cabezas apoyadas una sobre otra. ¿Para qué? Pensad en dos personas, un hombre y una mujer, en la expresión de la posibilidad más grande que pueda tener el ser humano: la afirmación del otro. «¿Por qué estáis juntos?». «Porque necesitamos estar juntos; porque nos gusta estar juntos; por el gusto de estar juntos». ¡Pobrecillos¡ Repito, ¡pobrecillos! Esto se llama «horizonte reducido». El pecado —cuántas veces lo he dicho— ¿qué es? En el sentido cristiano del término, el pecado es exactamente la exclamación del vocabulario: «¡Peccato!»[21], es decir: «Podía ser y, en cambio, mira lo que es». De tal modo que también se llama «defecto», que deriva del latín *deficere*, «deteriorarse», «ser menos de lo que debería ser». Es el venir a menos, es como cuando hacéis un bizcocho para un amigo con prisa y el bizcocho no sube, se queda aplastado.

---

[21] «*Peccato*» equivale en castellano a «qué pena», «qué lástima», (ndt).

Es feo, tenéis que admitir que es feo. O bien cuando el individuo de antes quiere hacer ver a su chica que conduce fenomenal. Su padre, que tiene dinero, le ha comprado un coche de gran cilindrada. En un momento dado, mientras cambia las marchas, se oye un *crac, crac*, y él: «Ostras, ¿qué le pasa a este coche?». El coche solo tiene un defecto: el conductor, que es un inepto. Entonces la chica, que es inteligente, piensa: «Si este tío es un fanfarrón también en lo demás, será mejor ser precavida». Pecado quiere decir «venir a menos», «ser menos». Da rabia, ¿entendéis?

Pues bien, la «rabia» de Dios por el pecado se llama «muerte de Cristo».

El pecado es la estrechez de miras. En cambio, todo es grande, incluso secar un plato, si la conciencia del sujeto es relación con el infinito. El infinito, a través de la conciencia del sujeto, aporta su luz, su grandeza y su carácter definitivo a ese hecho pequeñísimo, minúsculo. Pero incluso el hecho más grande, si no es por algo más grande aún, es un egoísmo desmedido, y por tanto algo todavía más repugnante. ¡Todo se juega en la conciencia del hombre, todo! Por eso, lo que está en juego es la formación de nuestra personalidad. Nuestra amistad tiene esta pasión: que tú llegues a ser realmente tú mismo. Y no por presunción, sino por el empuje que ella lleva dentro, por la tarea que pasa a través de ella, por la Presencia de la que es signo. No hay nadie tan perspicaz.

Intervención: Entonces, como describías ayer, yo tengo unas exigencias fundamentales que no se reducen a las exigencias particulares, mezquinas. Me esfuerzo mucho por dar satisfacción a esas exigencias, pero colecciono muchos fracasos. Y a la larga, no queriendo eliminarlas, pierdo la esperanza y la fuerza de poder satisfacerlas. ¿Qué me puede ayudar a no caer en la desesperación?

Giussani: Ante todo, retomemos el concepto de exigencia absoluta. La exigencia absoluta no está en contradicción con la exigencia de un aspecto particular, sino que es la dimensión, es la escala con la que vives el aspecto particular —antes he puesto los ejemplos del estudio y de la mujer—. Por tanto, la exigencia ideal, en la relación con el estudio, con el trabajo, con la mujer, con tu defecto, con tu error —porque existe una exigencia ideal incluso frente a tu error habitual—, te marca una determinada actitud que debes tener con la mujer, con tu error, con el estudio. Y entonces tú te comprometes con una mujer, con el estudio, con tu error según las exigencias del ideal, que tienes siempre presente. En el Evangelio se llama «vigilancia». «Vigilad», «estad alerta», «sed conscientes»[22]. Y de este modo caminas, y con el tiempo cambia tu relación con la novia, tu relación con el estudio y con tu error. Con el tiempo, un tiempo que no tiene fin, porque la perfección llegará al final. Y por eso no pretendes hacerlo tú, pero eres indomable en tu aspiración. En esto consiste la moral. Hay una frase de san Pablo, cuando habla de Abrahán, que te pido

---

[22] «Estad atentos, vigilad: pues no sabéis cuándo es el momento» (Mc 13,33).

que consideres: «Esperando contra toda esperanza»[23]: una aspiración indomable. «Pero me he equivocado un millón de veces, cada vez me equivoco más», y sin embargo no me resigno, sigo aspirando a ello. Este es el valor del «clamor», es decir, de la súplica a Dios.

Intervención: Ya, pero si los fracasos no dependen directamente de mis errores…

Giussani: Entonces no son tus fracasos.

Intervención: Sí, pero las cosas no van bien.

Giussani: Si las cosas no van bien, lo que no va bien es tu proyecto, no el ideal. Y es aquí donde tú tienes que ser libre. El ideal te libera. Es lo contrario de la desesperación, porque se desespera quien fija el ideal en un proyecto suyo y este no funciona.

Intervención: Me he dado cuenta de que se llega a determinado momento en la vida en que las decisiones particulares son inevitables. Estas decisiones están a menudo dictadas por esas exigencias naturales de las que usted habló ayer por la tarde. El deseo de conocer me lleva a decidir estudiar, decido estudiar, me pongo a estudiar física, igual que decido, no sé, empezar a salir con una chica. A menudo estas decisiones están dictadas por esas exigencias naturales.

---

[23] Cf. Rom 4,18.

¿Cómo es posible que estas decisiones particulares, que constituyen puntos en un horizonte —que además polarizan mi atención, porque si yo veo un punto en el horizonte que se me abre por delante, me veo atraído hacia él, mi atención está polarizada hacia ese punto— cómo es posible que estas decisiones potencien el ensanchamiento de mis exigencias naturales, en lugar de frenarlo?

Giussani: Perfecto. Es lo que decía Ungaretti. ¿No te acuerdas de Ungaretti, citado esta mañana[24]? El hombre trata de ampliar su horizonte y se encuentra produciendo límites una y otra vez. Tú estás diciendo exactamente lo mismo. ¿De qué forma evitar que la inevitable definición de tus proyectos te bloquee? En primer lugar, manteniendo una cierta distancia con respecto a tus proyectos, porque tu proyecto no coincide con el ideal, eso tienes que saberlo. Es un intento, el mejor intento que te parece que debes hacer para acercarte al ideal. Y, en segundo lugar, si este intento tuyo, en cambio, es realmente según el designio de Dios, entonces te abrirá en lugar de cerrarte. La cuestión es que tú, independientemente de lo que hagas o decidas, te acostumbres a tener conciencia de que todo está en función de algo más grande, que se llama de muchas formas: Ideal, Destino, voluntad de Dios, reino de Cristo, Cristo. Es necesario que esto se vuelva tan habitual que, por un lado, aun comprometiéndote lealmente con

---

tus proyectos, seas libre de ellos en el fondo y, por otro lado, afrontes esos proyectos justamente a la luz del ideal. Y de este modo confieres el sentido del infinito, el sentido ideal a la relación con el estudio, con el trabajo, con tus padres, a tu misión de mañana, a la relación con la mujer. No son meras palabras, porque esto cambia el mundo de verdad. Repito nuevamente que se dan a la vez una distancia con respecto a tu proyecto y una referencia continua de tu proyecto al destino, de modo que tu proyecto no te angustia, no te esclaviza, no te limita, sino que te abre. ¿Cuándo se puede decir que un proyecto abre al infinito? Cuando se percibe y se vive como signo y tarea, como servicio a algo más grande. Porque la relación que establecerás con una mujer es para servir a algo más grande, pues en caso contrario será prisión. Cuando eduques a tus hijos, el objetivo será servir a algo más grande, pues de otro modo será una posesión que te decepcionará en cualquier caso. «La verdad os hará libres»[25]. ¿Cuál es la verdad de tu relación con una mujer? Es servir al reino de Dios, es caminar a través de esa relación, es ser un camino, una ayuda, una amistad, una compañía hacia el destino. Esta es la verdad que te hace libre, es decir, no esclavo de esa cosa; y esa cosa se convierte en el vértice de un ángulo abierto al infinito.

Intervención: Relacionado con esta libertad con respecto a nuestro proyecto, usted decía que la apertura de las

---

[25]   Jn 8,32.

exigencias se despierta por un encuentro y por la decisión de pertenecer a ese encuentro. Me gustaría entender mejor qué quiere decir esta pertenencia, porque yo, por mi experiencia, digo: he tenido un encuentro, es decir, me he encontrado con gente que ha suscitado en mí una decisión de querer estar ahí por algo que veo en ellos y, a pesar de esto, cien veces al día me veo cayendo otra vez en el amor a mi proyecto, en apegarme a él obstinadamente. Entonces, ¿qué quiere decir pertenecer, y cómo puede la pertenencia cambiar esta tendencia a decaer?

Giussani: La pertenencia es un reconocimiento y por tanto es el amor a alguien. Un niño reconoce y ama a su madre —¡ay si no fuera así!— y puede hacerla enfadar mil veces al día, pero intenta hacerla enfadar novecientas veces. En cualquier caso, es la permanencia del reconocimiento, es el continuo retomar el reconocimiento, el continuo retomar la conciencia del amor a esa presencia, es esa vigilancia la que lentamente reabsorbe la enfermedad, la debilidad que hay en nosotros. Pero la debilidad de un niño, incluso una enfermedad nerviosa grave del niño, no disminuye ni su pertenencia a la madre ni el amor de su madre por él.

Intervención: Enlazo mi intervención con esto. Me gustaría preguntar sobre la resistencia al encuentro, sobre el rechazo. Yo también he encontrado una compañía que me ha mirado de una determinada manera. Por eso he dejado incluso mi casa, me he ido a estudiar a otra ciudad y no rechazo los encuentros que la vida de nuestra compañía me ofrece, pero a menudo me conformo y, ante un abrazo y una mirada, aparto los ojos y me conformo con una buena compañía.

Giussani: Perfecto, este conformarse es un aspecto de la palabra «resistir», «resistencia». La forma normal de resistirse ante la compañía es acostumbrarse a ella. ¿Por qué? Porque acostumbrarte te liga a la forma de la compañía: salís por la noche, vais a tomar algo, hacéis muchas iniciativas. Mientras que la adhesión a la compañía es adherirse a algo más grande que te ha despertado a través de la compañía, es adherirse a algo más grande que te vuelve libre de la forma de la compañía. Amigos, no puedo y no podemos eludir la necesidad de la conciencia, de recobrar continuamente la conciencia. Este es el valor de la oración en la compañía, porque la oración no es balbucear palabras, sino recobrar la conciencia de la relación con el destino: «Destino mío, ¡ven en mi auxilio!». Hay que recobrar la conciencia, porque nosotros tenemos que adherirnos a algo más grande que la compañía nos ha dado, no a la compañía; a algo que está en la compañía, pero que no es la compañía, que no es la forma de la compañía. La compañía puede estar formada completamente por idiotas… ¡Te deseo que no sea así!

Intervención: Por la experiencia que he tenido estos meses de universidad, resulta evidente que pertenecer confiere un valor positivo a toda la vida. Sin embargo, ante un límite objetivo —se me ocurre el ejemplo de un hombre paralizado que desea en cualquier caso caminar—, me preguntaba qué sentido tiene pedir, exigir que se le dé a mi deseo una amplitud total.

Giussani: Exigir, nunca; pedir, siempre. ¿Por qué pedir que yo, tan paralítico, es decir, tan estrecho de miras, que no consigo vivir las relaciones mas que de forma pequeña, pueda vivir el horizonte entero? Pedir a Dios, pedir a Aquel que hace todas las cosas, pedir a Cristo la gracia de poder vivir un horizonte amplio es haber superado ya la parálisis, es el cambio. Hasta el punto de que Cristo, en el Evangelio, utiliza la palabra *metànoia* para indicar el cambio, es decir, un cambio de conciencia, una mayor concienciación. La petición es la expresión de este cambio, es la realización de este cambio. Nosotros somos pobres, y el pobre de espíritu es aquel cuya única riqueza es la petición. Es la petición, la mendicidad. No hay nada más sencillo que adherirse a la verdad, porque la verdad no exige nada, excepto la verdad: la verdad de nuestro ser es la pobreza. ¡Somos pobres! Y la expresión de la pobreza es la petición. Nuestro mayor delito es no rezar.

Intervención: En mi experiencia se da una especie de exigencia exasperada, en el sentido de que, independientemente de lo que me pase —un paisaje precioso o la alegría más bonita del mundo—, me queda siempre en el fondo un velo de tristeza. La sensación es como si faltara algo. Me gustaría preguntar: ¿qué falta, por qué falta, cómo trabajar para que ya no falte, y cómo influye el tiempo en esto?

Giussani: Te pido que trabajes para que siempre exista esa tristeza. Siento mucho no poder leeros un pasaje de *Los demonios* de Dostoievski[26] en el que se hace apología de esa tristeza, cuya belleza no tiene igual en el mundo. Pero yo te digo que, además de Dostoievski —que el Señor me permita esta comparación—, esta es la tristeza de Cristo, del hombre Cristo. No solo es que nada de lo que se tiene constituye la meta última, sino que cuanto más bella es una cosa humana, más te hiere el corazón por la nostalgia de la totalidad. En los mejores momentos de amor a la mujer, a los hijos —creo—, a los amigos —sin duda—, al hombre —para quien ama al hombre, a la humanidad—, en los momentos más bellos de la música o de un espectáculo —como has dicho tú—, es cuando más se deja sentir esta aflicción. Hasta tal punto es esta la ley, que cuanto más deseas una cosa, cuanto más bella es, cuanto más la tienes, más se dilata el deseo, en lugar de cerrarse. Esta es la verdad de mi antiguo eslogan: la vida es triste, pero es mejor que sea triste, porque, si no fuera así, sería desesperada[27]. Es decir, la vida es un camino a la felicidad

---

[26]   «Había sabido tocar en el corazón de su amigo las cuerdas más profundas y provocar en él la primera sensación, indefinida aún, de aquella eterna y santa tristeza que algunas almas elegidas, una vez saboreada y conocida, nunca cambian por una satisfacción barata (hay también ciertos amantes que valoran más esta tristeza que la satisfacción más radical, admitiendo que sea posible semejante satisfacción)» (F. Dostoievski, *Los demonios*, en *Obras completas*, vol. II, Aguilar, Madrid 1986⁹, p. 1098).

[27]   Se trata de una frase que Giussani repetía con frecuencia en sus años de seminario.

y «la tristeza», decía santo Tomás de Aquino, existe por «el deseo de un bien ausente»[28]. Como estamos en camino, la meta está todavía ausente, y esta es la tristeza que te permite caminar, dice san Pablo[29], la tristeza buena que te hace caminar. Si no tienes esta tristeza, entonces ya no esperas, estás desesperado, en el sentido normal y radical del término —por tanto uno se conforma con lo que tiene y ya no aspira a nada, está acabado como hombre— o en el sentido trágico del mismo. «Muéstrame a una dama de extremada belleza; ¿de qué servirá esa belleza sino de escrito en el cual yo pueda leer a quien aventajó a aquella aventajada belleza?»[30].

Intervención: Esta compañía, Comunión y Liberación, forma parte de una compañía más grande que es la Iglesia. A veces sucede, dentro de la Iglesia, que existen fricciones, es decir, que no siempre Comunión y Liberación y otros exponentes de la Iglesia, como los párrocos y los obispos, están de acuerdo. ¿Cómo se puede responder a este problema, es decir, cuál es la autoridad última a la que recurrir para decidir?

---

[28]   «La esperanza, en la medida en que tiene como objeto un bien deseado ausente, es causa de aflicción; pero en cuanto la cosa deseada por medio de la esperanza y de un conocimiento imperfecto se vuelve de algún modo presente, entonces ella es fuente de alegría» (Tomás de Aquino, *In IV libros Sententiarum*, 1. I, q. 4, art. 2).

[29]   «No es que ya lo haya conseguido o que ya sea perfecto: yo lo persigo, a ver si lo alcanzo como yo he sido alcanzado por Cristo» (Fil 3,12).

[30]   Ver aquí, nota 15, p. 35.

Giussani: El obispo de Roma. Y qué agradecimiento cuando, en un encuentro con los universitarios del movimiento en 1980, Juan Pablo II nos dijo: «Vuestro modo de abordar los problemas es cercano al mío; o mejor, es el mismo»[31].

Intervención: Ayer por la tarde se decía que nuestras exigencias apagadas se pueden reactivar a través del encuentro y que este encuentro ensancha el horizonte de tales exigencias, que de no ser así pueden llegar a convertirse en un pantano de aguas estancadas. Me he visto muy reflejado en todo lo que se ha dicho, y he pensado: «¡Entonces la clave es precisamente este encuentro!». Pero al llegar a este punto me ha entrado la preocupación de que este encuentro pueda llegar a convertirse en algo «ya sabido».

Giussani: Entonces ya no es un encuentro. Si, como dices estupendamente, corre el riesgo de ser algo ya sabido, si se da por descontado, ya no se trata de un encuentro. Como he dicho esta mañana, el encuentro está siempre presente. En caso contrario ya no es un encuentro, ya no aprendes nada, ya no te reclama a nada. Un encuentro que ya se ha tenido, si no es un encuentro permanente, siempre presente, es como si no lo hubieras tenido. Puede ser que tengas incluso una determinada responsabilidad en la comunidad, pero es como si lo hubieras eliminado. Por lo

---

[31] Juan Pablo II, *Discurso en la velada con universitarios del movimiento «Comunión y Liberación»*, 26 de enero de 1980.

tanto, cuando nos levantamos por la mañana y vamos a la universidad, debería ser idealmente como la primera vez que vamos a encontrarnos con los amigos, que volvemos a escuchar su voz, que retomamos la Escuela de comunidad. Pero este es el problema de la frescura de la vida: ¡deseo que la tengas, amigo mío!

Me apremia volver un momento a la pregunta anterior sobre la Iglesia. Quizá sea difícil comprender todo el significado de mi respuesta, y sobre todo las implicaciones que tiene: en la Iglesia solo existe un garante último, uno, que es el obispo de Roma, el papa. Tendremos posibilidad de hablar de ello, también con quien ha planteado la pregunta.

Intervención: Usted ha dicho que el deseo de cambio implica honor y dignidad —por tanto uno, a no ser que sea una piedra, siente este deseo—, pero la petición es pertenecer a otro, es amor. A veces digo por la noche: «Ahora voy a rezar y a pedirle realmente a Dios pertenecerle», y veo que la petición no me surge; podría decirla con la voz, pero no surge del corazón.

Giussani: ¡Pero no! ¿Por qué confundes lo humano con el estado de ánimo? El estado de ánimo no te define. Lo que te define es el juicio y la voluntad. Si tú dices: «Ahora quiero pedirle a Dios poder pertenecerle», ya lo has pedido. No es que cambie el estado de ánimo, el corazón puede ser como una piedra. ¿Has leído *Miguel Mañara*?

Intervención: No.

Giussani: Lee el Cuarto Cuadro del *Miguel Mañara*, porque ahí se dice que la oración, a veces, es como gritar a una piedra[32]. Es un acto de adhesión. El juicio es lo que permite captar la verdad, la realidad, y la realidad suprema es el Misterio que hace todas las cosas, es Dios. Y la voluntad es la energía con la que uno se adhiere; energía, porque debe superarse también a sí mismo. Hasta que, lentamente, todo tu ser se conformará, se igualará a tu voluntad y entonces la voluntad coincidirá con tu sentimiento más verdadero. Pero para esto —como le dice el abad a Miguel Mañara—, se necesita paciencia. La paciencia, esta es la forma de proceder del amor[33]. Por eso, cuando tú dices por la noche: «Señor, te pido», aunque estés árida como una piedra, pides. Hazlo todas las noches y verás las consecuencias también desde el punto de vista de tu estado de ánimo.

Intervención: Se trata de una pregunta muy personal, es un problema que siempre me he planteado. Si Dios, en lugar del joven rico, se hubiera encontrado con un pintor, un escultor, un artista, un músico, y les hubiera dicho:

---

[32] « Yo, yo estoy totalmente solo con el corazón de la piedra, y masculло mis oraciones en los oídos de la piedra» (O.V. Milosz, *Miguel Mañara*, edición comentada por Franco Nembrini, Encuentro, Madrid 2019, p. 194.

[33] «EL ABAD: El amor y la precipitación no están de acuerdo, Mañara. Es la paciencia la que mide el amor. Un paso igual y seguido: esta es la andadura del amor, ya camines entre dos setos de jazmines del brazo de una chica, o solo entre dos filas de tumbas. Paciencia» (O.V. Milosz, *Miguel Mañara*, op. cit., p. 195).

«Mira, deja tu arte, déjalo todo, deja todo lo que produces, deja tus límites, tu genialidad, y ven conmigo, sígueme solamente a mí y no hagas nada más», yo, poniéndome en el pellejo del artista, no habría seguido a Jesús. Le habría dicho: «No, prefiero morir, prefiero permanecer en mi prisión, en mi dolor, en mi pasión continua, en mi continua búsqueda, quizá en lo desconocido, en lo oscuro, en el dolor, en el sufrimiento...».

Giussani: Sí, he comprendido. ¿Quieres saber mi opinión? Mi opinión es que se trata de una «paletada» conmovedora. Debo decir que la hipótesis que planteas —a la que responderías así— es indecente desde el punto de vista moral; es conmovedora desde el punto de vista de la dramaticidad humana, pero es una paletada en cuanto a su objetividad, porque no se puede ir contra el Destino. ¿Por qué se expresa un artista? Porque exige la felicidad, porque busca la felicidad, busca la belleza y la verdad. Porque si alguien me dice: «Espera diez o veinte años y después te expresarás totalmente», yo espero diez años o veinte años, no me comporto como un niño cabezota. Pero la pregunta encierra un equívoco en el origen, porque el Señor puede pedir incluso eso. La conversión de Giulio Salvadori[34], gran poeta, llevó justamente a esta consecuencia, y podría citar también otros grandes nombres. Dios puede pedir incluso eso, pero esa no es la norma. Ya he dicho,

---

[34] Giulio Salvadori (1862-1928), poeta, crítico literario, periodista, educador y profesor universitario italiano.

respondiendo a una de las primeras preguntas, que dejarlo todo por Cristo quiere decir vivirlo todo en función del misterio de Cristo. Esto cambia indudablemente las connotaciones de la forma de actuar, se trata de un cambio de dimensión y de referencia, no una eliminación de la acción. Pero ya lo he dicho antes. Además, tenemos entre nosotros un gran ejemplo: Bill Congdon[35], que, después de convertirse, cambió el contenido e incluso la modalidad de su pintura. Pero seguir a Cristo no le hizo eliminar su praxis artística; más aún, esperemos que todos los artistas presentes se conviertan verdaderamente, así tendremos una traducción de nuestra experiencia un poco más digna que nuestras miserables palabras y nuestra agotada campanilla. Por ejemplo, en lugar de la pintura te puede hacer dejar a esa mujer o a ese hombre, porque te puede llamar a la virginidad, que es el aspecto extremo de la pertenencia.

Intervención: Dos constataciones rápidas. Ayer centrabas la atención en la posición humana, en la que me reconozco totalmente, y hoy ofrecías la clave de bóveda. Otra constatación: en el encuentro con la comunidad, he visto que la relación con Dios es la definición de mi persona. Entonces la cuestión es esta. Parece que se trata de dos cosas opuestas: por una parte, te sorprendes teniendo una humanidad grande, llena de exigencias y llena de preguntas, y, por otra, ves que lo que quieres, es decir, lo que este

---

[35]   William Grosvenor Congdon (1912-1998), pintor estadounidense.

encuentro te ha suscitado, es que la relación entre tú y el buen Dios sea cada vez mayor. Voy a la pregunta poniendo un ejemplo. El compromiso en la universidad, a través del trabajo de los *Cattolici Popolari*[36], abre la humanidad; por lo menos para mí ha sido precioso, porque me ha permitido comprender que mi humanidad tiene que ver con el mundo. Sin embargo hay una especie de objeción, porque parece que esta humanidad no es, en el fondo, el camino para que esta relación con Dios se convierta realmente en la definición de mi vida, sino que parece siempre algo que se da antes y ya está, algo que establece solo las condiciones. Te pido si puedes explicar qué es lo que vincula esta posición humana con lo que el encuentro me pide, por tanto con la relación con Dios.

Giussani: Te pide que vivas lo que estás viviendo según su verdad. La verdad de algo viene dada por la totalidad de sus componentes. Lo que estás viviendo es un aspecto del reino de Dios y es un servicio que haces a Cristo. Esto, antes que nada —tenlo presente—, cambia el estado de ánimo con el que haces algo, o mejor, la conciencia que tienes de eso que haces y, al cambiar la conciencia de lo que haces, te hace estar más atento, te hace ser mejor persona,

---

[36]   *Cattolici Popolari* (CP) es el nombre de la lista que se presentaba a las elecciones universitarias en muchas facultades italianas, que recogía amplios consensos en el mundo católico. La acción política y cultural de los *Cattolici Popolari* estuvo caracterizada por una gran concreción y por una notable capacidad de responder a las necesidades de los estudiantes.

más fiel, más tenaz, más comprensivo y, al mismo tiempo, más libre, es decir, te hace más humano en eso que estás haciendo. De hecho, el nexo entre nuestras exigencias y el encuentro tiene como resultado que eres cien veces más humano en las exigencias. «Quien me siga tendrá la vida eterna y el ciento por uno aquí»[37].

---

[37] «Jesús dijo: 'En verdad os digo que no hay nadie que haya dejado casa, o hermanos o hermanas, o madre o padre, o hijos o tierras, por mí y por el Evangelio, que no reciba ahora, en este tiempo, cien veces más —casas y hermanos y hermanas y madres e hijos y tierras, con persecuciones— y en la edad futura, vida eterna'» (Mc 10,20-30).

LA ESPERANZA DEL HOMBRE NUEVO*

Recobrémonos de la opacidad y del embotamiento de la inconsciencia. La inconsciencia no es solo el dormir, sino agarrar una mano sin ver el resto de la persona, comer sin tener la percepción del día al que debe servir la energía que se adquiere, sin la conciencia de la totalidad. Con la conciencia de la totalidad, incluso un aspecto particular asume su grandeza, y entonces uno respira. El padre Kolbe respiró la infinita grandeza de lo humano muriendo dentro de una celda[1]. El espacio del hombre es la conciencia, porque la conciencia es la relación con el infinito, «es» relación con el infinito. ¡Qué mañana tan bonita! —*what a morning!*—. Esperemos poder repetir todas las mañanas: «Dios mío, ven

---

*   Lección conclusiva del 28 de enero de 1985, por la mañana.
[1]   Maximiliano María Kolbe (1894-1941), presbítero y franciscano polaco que se ofreció a ocupar el puesto de un padre de familia, destinado al búnker del hambre en el campo de concentración de Auschwitz. Fue beatificado en 1971 por el papa Pablo VI y proclamado santo en 1982 por el papa Juan Pablo II.

en mi auxilio»; ojalá digamos bien aunque solo sea esta palabra, *what a morning!*[2].

I

Resumamos — volvamos a enumerar o enumeremos con cierta claridad— las palabras que tendremos que repetirnos, que recuperar entre nosotros, en la meditación personal, en la conversación amistosa, en el encuentro del grupo o de la Escuela de comunidad.

Nuestro objetivo, ante todo, nunca ha sido tener una compañía fuerte. Nuestra finalidad no es crear una compañía fuerte, una comunidad que se imponga. Esto lo creen los demás, porque uno proyecta sobre los demás lo que es. Nuestra finalidad, nuestra pasión es crear un hombre nuevo en ti, igual que yo estoy comprometido conmigo mismo para que se cree en mí. No puedo estar comprometido conmigo mismo si no tengo por ti esa misma pasión, por ti, aunque te vea por primera vez, o que estás aquí sin que te haya visto, por ti, con el que me gustaría charlar si tuviera tiempo, como me gustaría charlar con cada uno de los dos mil trescientos que estáis aquí. No hay ningún otro modo de disfrutar de lo humano mas que a través de este amor a lo que debes ser. Y debes serlo porque ya lo eres. Lo eres, pero lo que eres está como bloqueado, escondido, igual que en un niño está implícita la energía exuberante,

---

[2]   «My Lord, what a morning!», en *Cancionero*, op. cit., p. 462.

la fascinación de la inteligencia de cuando tenga veinte o treinta años.

Así me escribía una persona que quizá esté aquí: «Un hombre nuevo es capaz de juzgar lo que ocurre, capaz de juzgar lo que pasa y de actuar en consecuencia». Pero juzgar quiere decir comparar con un criterio, comparar con la verdad, con el ideal, pues en caso contrario no es juzgar, es soportar, es sufrir, es una reacción. El dominio del hombre consiste en tomar lo que sucede, compararlo con el ideal y actuar en consecuencia. Con tal de que este «actuar en consecuencia» no sea nunca una presunción y pueda reconducirse continuamente a retomar siempre el camino, después de cualquier error o desproporción.

II

Para llegar a ser un hombre nuevo (nuestro objetivo es crear un sujeto distinto, el individuo, la persona), hay que favorecer, acompañar, pero sobre todo suscitar —y por tanto acompañar— un cambio. Debe producirse un cambio en mí, debe producirse un cambio en ti, pero no como un mecanismo que se pone en movimiento o como una llave que se gira. Porque hace falta tiempo, y el tiempo tiene significado justamente como cambio; el cambio es el peso, la densidad del tiempo. Debe producirse un cambio en ti. Esto no significa que tú tengas que convertirte en otra cosa, sino que aflore tu verdad, la verdad que hay en ti, que aflore la potencia fascinante de tu origen, que es Otro, porque antes no existías y has sido hecho.

Una canción de Adriana Mascagni —una de las canciones más bonitas de los orígenes del movimiento, que solo algunos conocen y que esperamos, antes o después, poder cantar—, dice: «Dios mío, me miro y descubro que no tengo rostro». ¿Quién soy? No tengo rostro, es decir, no soy una persona, no tengo un papel, no soy un actor real, un protagonista. «Miro dentro de mí y veo la oscuridad sin fin. Solo cuando advierto que tú estás, como un eco vuelvo a escuchar mi voz». Como un eco de ti, empiezo a caer en la cuenta de mi persona. «Y renazco como el tiempo desde el recuerdo». Precioso. Renazco, igual que el tiempo, a partir del recuerdo de ti, de la conciencia de ti. Renazco, es decir, cobro consistencia como dinamismo, como vida, como yo. «¿Por qué tiemblas, corazón mío? Tú no estás solo. No sabes amar y eres amado; no sabes hacerte [¡lo escribió una chica de 16 años!] y sin embargo eres hecho. Como las estrellas en el cielo, hazme caminar en el Ser»[3]. Hazme caminar en el Ser, haz que emerja lo que soy, tal como me has hecho: me has hecho relación con el infinito, eco de ti, «imagen», dice la Biblia. Por lo tanto, se trata de un infinito que está dentro de nosotros.

El paso, es decir, el cambio que vimos ayer por la noche en Camilo de Lelis[4], desde esa impetuosidad

---

    [3]   A. Mascagni, «Il mio volto», en *Cancionero*, op. cit., p. 295.

    [4]   Don Giussani había dedicado la noche del 27 de enero a la audición de cantos provenzales y a la lectura de *San Camilo de Lelis. El primer caballero de la Cruz Roja (1550-1614)*, (en C. Martindale, *Los santos*, Encuentro, Madrid 2009, pp. 99-105), comentados por él mismo.

furibunda como militar, como soldado sin ley ni fe, a esa ternura —miradlo, inclinado con esa ternura sobre cada enfermo, con esa atención, con esa pasión; daos cuenta del cambio: la energía con la que luchaba en la batalla era la energía con la que se inclinaba sobre ese enfermo—, el cambio consistió en que brotara, en que aflorara su verdad, la verdad de esa energía. «Hazme caminar en el Ser, hazme crecer y mudar, como una luz que crece y cambia día y noche». Entonces, «haz de mi alma nieve que se colorea, como tus tiernas cimas, bajo el sol de tu amor»[5]. Se vuelve bonito hasta lo que soy, se vuelve bonito mi ser.

Ayer por la noche me impresionó el cambio de Camilo de Lelis. Perdonad, pero el cambio desde la rudeza egoísta, con la que normalmente se comportan entre ellos un chico y una chica, que se pone de manifiesto en la nobleza y la ternura del canto *Ballata dell'amore vero*[6] que hemos cantado estos días, es un cambio que Claudio Chieffo ha experimentado en sí mismo, es la afloración de la verdad en él. El cambio no es convertirse en otra cosa, sino que tú te vuelvas verdadero, ¡y no te parece real! Juan Pablo II nos dijo en su discurso del 29 de septiembre de 1984: «Nosotros creemos [...] en Cristo presente aquí y ahora, el único que puede cambiar y de hecho cambia, transfigurándolos,

[5]   A. Mascagni, «Il mio volto», en *Cancionero*, op. cit., p. 295.

[6]   C. Chieffo, «Ballata dell'amore vero», en *Cancionero*, op. cit., p. 309.

al hombre y al mundo»[7] —el único que puede cambiar al hombre, transfigurándolo. La palabra «transfiguración», que es muy importante en la filosofía, en la teología, especialmente rusa, pero en general oriental, no significa la abolición de una cosa y su sustitución por otra, sino el afloramiento de la verdad intrínseca de esa cosa. La cosa permanece, pero permanece en su verdad; es otra cosa, pero es la misma cosa.

Es lo que testimoniaba Ada Negri en esa poesía que hemos escuchado tantas veces, *Mi juventud*: «No te he perdido. [...] Eres tú, pero otra eres: sin fronda ni flor, sin la risa brillante que tenías en el tiempo que no vuelve [...]. Otra eres, más bella. Amas, y no esperas ser amada», no exiges ser amada. No se puede alcanzar ni mucho menos cruzar el umbral de lo humano sin el presentimiento, lleno de conmoción profunda, de lo que es la gratuidad: amas sin exigir ser amada. «Ante cada flor que se abre, o fruto que madura, o párvulo que nace, al Dios de los campos y las estirpes das gracias en tu corazón»[8]. Amas la flor no porque la recojas y la huelas, sino porque existe. Y amas el fruto no porque lo muerdas, sino porque existe. Y amas al párvulo no porque

---

[7]   «Nosotros creemos en Cristo, muerto y resucitado, en Cristo presente aquí y ahora, el único que puede cambiar y de hecho cambia, transfigurándolos, al hombre y al mundo» (Juan Pablo II, *Discurso al movimiento de Comunión y Liberación en el 30 aniversario de su nacimiento*, 29 de septiembre de 1984, 3).

[8]   A. Negri, «Mi juventud», en Id., *El agua pura de mi pobreza. Antología poética*, Selección, traducción y comentarios de Carmen Giussani, Encuentro, Madrid 2021, p. 97.

sea tuyo, sino porque existe. Es la cumbre, y sin embargo es lo elemental. Por debajo de este nivel uno no es humano. Y más humano no se puede ser, porque esto es ya infinito, es ya el presentimiento de lo infinito.

¡Pero, ¿cómo se puede mirar a la cara a una mujer sin sentir esto?! Uno debería salir corriendo por la vergüenza. Solo Cristo puede cambiar, transfigurándolos, al hombre y al mundo. Camilo de Lelis fue transfigurado. A una escala menor, la conciencia, la sensibilidad de Claudio en la *Ballata dell'amore vero* está transfigurada y uno, cuando comprende este canto, siente que es distinto, simplemente al comprender este canto o el de Adriana Mascagni. Hay una forma muy práctica de saber que el cambio es posible en ti y sucederá, sucederá también en ti, que es observar el cambio que se ha producido en el otro. El hecho de que en otros se haya producido el cambio te proporciona la certeza de que también se producirá en ti. Siempre y cuando no te sustraigas a él con la afirmación pomposa y burda de tu autosuficiencia.

III

Ahora, tercer punto, volvamos a la primera palabra de nuestro breve camino de estos días. Amigos, ¡no tengáis miedo, no tengáis ningún miedo! No tengáis miedo a no conseguirlo, a no ser capaces. Tú no te has hecho a ti mismo, y del mismo modo no te cumples a ti mismo porque es Otro quien cumple tu vida. ¿Cómo se puede vivir? Es Otro quien te ha hecho, es Otro quien te despierta al ser. ¡Instante tras instante eres «de» Otro! Por eso no debes tener miedo a no tener éxito, porque quien actúa en ti es Otro. «El que ha iniciado en ti esta obra buena», incluso tocándote simplemente con una palabra, «llevará a término lo que ha comenzado»[9]. Tendrías que sustraerte a la fuerza, tendrías que renegar de la verdad —como dice el pasaje de Nietzsche de *La gaya ciencia*[10] que citamos ayer—, tendrías que odiar la verdad, y entonces incluso Él se detendría en el umbral de tu libertad. No hay que tener miedo a no conseguirlo, porque existe Otro; no hay que tener miedo no por una presunción tuya —¡por amor de Dios!—, sino porque existe Otro. Según pasa el tiempo de tu vida, podrás experimentar la profundidad de la emoción al comprender que es Otro quien te hace, es decir, la emoción de volverse a hacer niño con treinta años, con cuarenta años, con cincuenta años; y te vuelves a hacer niño no en el sentido de que involucionas, sino en el sentido de que te vuelves sencillo. Y tampoco hay que tener miedo a conseguirlo demasiado. Es decir, no hay que tener miedo a ser arrollado por Otro, a ser absorbido por Otro, a ser vencido por Otro. No hay que tener miedo porque lo que Otro quiere y obra en ti, el cambio que quiere obrar es hacerte ser tú mismo.

A poco que uno camine por este camino, a poco que dé unos pasos, comprende inmediatamente que este camino tiene un nombre, Su nombre. Una amiga nuestra escribe en una poesía: «Tú eres el hilo que me mantiene pegada a esta

---

[9]   Cf. Fil 1,6.

[10]   Ver aquí, nota 26, p. 58.

tierra, que me arranca de la locura», del sinsentido, «pero desapareces, inaferrable», en un momento dado ya no estás. «De forma inesperada estás», vuelves. «Obstinada, mi llaga sufre que su rebelión se desarme ante un suspiro tuyo». Lo más dramático, parece decir la autora, es esto: sufro por el hecho de que la rebelión que siento dentro de mí —por la herida que tú me has infligido, el golpe, el *shock* que tú me infliges—, sea vencida por un suspiro tuyo, por tu cercanía, por sentir tu aliento. «Hay momentos —comenta ella— en los que se toca como el fondo de la vida, momentos en los que el Señor nos da la gracia y en los que nos abandonamos totalmente. Pero, ¿por qué, en cambio, hay momentos de una desesperación y de una tentación tales que uno no encuentra ni siquiera la fuerza para gritar? ¿Por qué?». La desesperación no, porque la desesperación es ya una decisión. En cambio, me permito decir lo siguiente sobre esa acusación de los momentos de tentación, en los que la realidad a tu alrededor y dentro de ti, de forma mecánica, de forma objetiva, sin tu voluntad, es tan enemiga del camino que deberías hacer: esta es la condición de la vida, es la condición del camino. ¿Y por qué existe esta condición? Para que lleguemos a comprender que nuestro camino es producido y creado por Otro, es don de Otro, es gracia. Todo es gracia. Por eso, no hay que tener miedo a no conseguirlo. Pero tampoco hay que tener miedo a lo que dice nuestra amiga después: «¿Por qué, después de momentos de gracia, he experimentado el miedo que me absorbe por completo?». ¡Incluso en este caso, no hay que tener miedo!

Por consiguiente, queremos crear en ti, colaborar para crear en ti un hombre nuevo, a través del cambio que te hace ser tú mismo, no algo distinto de ti, sino tú, tú en tu verdad. Por ello, ¡nada de miedos! Pero, ¿cómo se producirá esta novedad que no te aísla, no te aliena, que te hace ser tú mismo, con un cambio que es como el espectáculo de la vida, «el» espectáculo de la vida, que disipa con su carácter pacífico y su verdad cualquier miedo? Lo hemos visto: todo esto sucede por medio de un encuentro. Un encuentro que se identifica con «el encuentro», que es tu encuentro con Dios, el Misterio que hace todas las cosas, que se ha hecho hombre y se ha identificado con un tiempo y un espacio: Cristo. Es el encuentro con Cristo. «Nosotros creemos en Cristo presente aquí y ahora, el único que puede cambiar y de hecho cambia, transfigurándolos, al hombre y al mundo»[11]. Cristo presente aquí y ahora, Cristo presente. Como observa justamente Kierkegaard en su diario, ¡si no está presente, no es Dios![12] Presente, aquí y ahora.

Pero la forma de su presencia es una compañía con la que uno se topa. La forma de su presencia es ese

---

[11]   Ver aquí, nota 7, p. 122.

[12]   «La única relación ética que se puede tener con la grandeza (de igual modo con Cristo) es la contemporaneidad. La relación con un difunto es una relación estética: su vida ha perdido el aguijón, ya no juzga mi vida, me permite admirarlo... y me deja también vivir en otras categorías, porque no me obliga a juzgar en sentido decisivo» (S. Kierkegaard, *Diario (1834-1849)*, I, IX A 314 [1574], Morcelliana, Brescia 1962, p. 735).

compañero, que de otro modo no sería digno ni de fama, ni de alabanza, mezquino en su hechura, por el que no darías ni un duro. A través de ese compañero, de ese grupo de compañeros, de esa realidad, de esa realidad en cualquier caso humana, Su presencia te llama y te toca aquí y ahora. Se trata por cierto de un encuentro enteramente humano, un encuentro humano con personas en las que resuena algo que te llega dentro, aunque sea de forma tangencial. Y esto nunca se podrá eliminar. Se podrán tal vez ahogar sus consecuencias, pero no se podrá eliminar como hecho: es el encuentro con Cristo dentro de un encuentro humano. Aunque después te des cuenta de que esas personas a través de las cuales te llega el anuncio, o a través de las cuales te ha llegado la provocación, son más miserables que tú, aunque te parezcan más limitadas que tú, aunque no mantengan las promesas cuya espera habían despertado en ti, sin embargo tú has encontrado con ellos, en ellos, algo distinto, como si hubieras renacido. Renacido, es decir, te has despertado a una presencia que antes no percibías. Es lo que Cristo, en la conversación con Nicodemo[13], llama «nacer de nuevo» —¡nacer de nuevo! Porque nacer es brotar ante la presencia de la realidad.

Suponed que abrís los ojos al salir del seno de vuestra madre con la conciencia de vuestros veinte años. ¡Qué asombro infinito os produciría la realidad! Nacer quiere decir brotar ante una nueva presencia, ante una presencia

---

[13]   Jn 3,1-8.

a la que antes no prestabas atención. Una presencia que antes no tenía sentido para ti pero que ahora empieza a plantearte la posibilidad de que exista este sentido. Dice Juan Pablo II en *Peregrinación a los lugares santos*: «Un encuentro significa a veces el comienzo de una separación». Escuchas a alguien hablar, y eso es un encuentro. Te despierta: es un encuentro. Te acercas a alguien, te saluda, te dice algo: es un encuentro. Y después debes separarte, porque no puedes estar con esa persona, no puedes volver a escucharla como la escuchabas en ese momento. «Un encuentro significa a veces el comienzo de una separación», pero no existe separación después del nacimiento. Si ese encuentro ha despertado en ti el presentimiento o la percepción de la presencia de algo distinto, entonces tú has nacido a esa nueva presencia, Cristo, aunque su nombre todavía esté oculto. Continúa Juan Pablo II: «La 'distancia' que puede poner fin a cada encuentro nunca pone fin a un nacimiento». Una vez que te han hecho vislumbrar o percibir ese algo distinto, ya no hay vuelta atrás: «El nacimiento ya no conoce límites ni separaciones»[14].

Es lo que dijimos ayer, cuando me plantearon la objeción de la comunidad, del grupo, de la compañía que defrauda. ¡Pero la compañía te ha llevado a la relación con algo en donde radica tu significado, te ha llevado a una relación tuya con Cristo, una relación tuya con algo distinto!

[14]   K. Wojtyla, «Pellegrinaggio ai luoghi santi», en *Tutte le opere letterarie*, Bompiani, Milán 2001, p. 183.

Pidamos a Dios que la compañía sea suficientemente digna de nuestra aspiración y suficientemente sana como para sostener nuestra debilidad. Pero la separación, que puede incluso poner fin a un encuentro, «nuca pone fin a un nacimiento. El nacimiento ya no conoce límites ni separaciones». Esta mañana rezábamos en el himno: «Nos salga al encuentro y nos llame Aquel que murió y ahora vive»[15]. Nos salga al encuentro y nos llame por nuestro nombre: sale a nuestro encuentro y nos llama por nuestro nombre a través del compañero, de los compañeros, a través de esta compañía.

IV

Este encuentro, que podría quedarse en una palabra vana, o podría quedar suspendido en el aire como una palabra vaga, debe convertirse en un trabajo por nuestra parte. Un trabajo, no discursos, que son como los charcos en los que uno se ahoga dentro de un fango sutil. Este trabajo no es un voluntarismo, que se traduce siempre en exasperación. Este trabajo se llama, con un término más preciso, «experiencia». El encuentro debe convertirse en el desarrollo de una experiencia. Se llama «trabajo», porque una experiencia es el impacto de un sujeto, de un yo, de un hombre con la realidad: no es suficiente que uno viva y sienta ese impacto. De hecho, la experiencia no consiste

---

[15] «Ya brilla la luz de la aurora», *Libro de las Horas*, op. cit., p. 74.

en multiplicar los impactos con la realidad, en cambiar continuamente, como hacen las chicas y los chicos con los chicos y las chicas, que cambian continuamente, que prueban con uno o con el otro. Esto no es experiencia, sino más bien disipar toda la sabiduría posible, es desinflarse —¡desinflarse!—, es decir, vaciarse. En cambio, la experiencia es esa apertura enérgica e impetuosa del yo que te introduce en todas las cosas, en todo aquello con lo que te topas, haciendo que lo juzgues a la luz del ideal, a la luz de la verdad —como decíamos al principio—: «Un hombre nuevo es capaz de juzgar lo que sucede».

Entonces, yo juzgo a la luz del ideal la relación con mis padres que se pelean o que me impiden hacer esto o aquello. El esfuerzo del estudio —porque estoy escribiendo la tesis de licenciatura y no consigo trabajar como querría, o bien porque tengo que volver a hacer por sexta vez un examen— lo juzgo a la luz ideal, a la luz del ideal. Volver por las mañanas a la universidad solo como un perro, o abriéndome a la sonrisa y el saludo de quien quiere caminar conmigo, lo juzgo a la luz del ideal, y así juzgo a los amigos antiguos y a los amigos nuevos, juzgo también el tiempo libre, la forma de usarlo. Y la sensibilidad humana, que me hace conmoverme ante las necesidades más acuciantes de los hombres, ¿por qué no saca de mí un poco de tiempo para que yo comparta las necesidades cotidianas de ancianos, enfermos, de niños? De este modo, voy a la caritativa[16], y juzgo esto a la luz ideal. ¿Pero qué es la luz ideal? La luz ideal es el criterio con el que juzgarlo todo. Y no se trata de algo abstracto, no es una idea. De hecho no se puede juzgar la vida partiendo de una idea; se juzga la vida partiendo de una vida, de una vida que emerge, que ha brotado en nuestra experiencia y que es más completa, más ejemplar, más bella, más operativa. Es decir, aquello con lo que uno se topa, todo aquello que a uno le afecta, hay que juzgarlo a partir del encuentro que uno ha tenido.

El encuentro revive y se vuelve mío en ese proceso, en ese tipo de trabajo que se llama «verificación». El encuentro es ese impacto desde el que juzgo todos los impactos. El encuentro que he tenido es una realidad con la que quiero que se tope, de la que quiero que participe todo lo que hago, todos los demás encuentros de la vida, todos los demás impactos, todos. Entonces el encuentro que he tenido empieza a agrandarse, empieza a dilatarse, se convierte en mi persona frente al mundo, se convierte en algo nuevo en mí, en un hombre nuevo en mí. Hace años, en *Educar es un riesgo*, definimos así la experiencia: «Vivir lo que me hace crecer»[17]. Es decir, el encuentro es lo que te

---

[16]   En la experiencia de CL, la «caritativa» tiene la finalidad de enseñar, a través de la fidelidad a un gesto ejemplar, que la ley última de la existencia es la caridad, la gratuidad. Son numerosísimas las actividades que se proponen: desde la catequesis en la parroquia a hacer compañía a los ancianos en los asilos o acompañar a los chavales en sus dificultades con el estudio.

[17]   L. Giussani, *Educar es un riesgo*, Encuentro, Madrid 2006, p. 117.

hace crecer. Porque lo que te hace crecer es Dios que ha venido para esto, Cristo. Y Cristo te alcanza a través de una determinada compañía, de un determinado encuentro. Vivir ese encuentro es crecer, pero vivir ese encuentro quiere decir juzgar a partir de él cualquier relación y cualquier otro impacto. Por eso la inmanencia, el estar dentro de la compañía, te ilumina y hace que todo entre dentro de ti, desde la relación con tus padres, con tu novia, con el estudio, con el trabajo, hasta el proyecto del futuro, la forma de reaccionar, el hecho de que tu pasado ha sido mezquino, el error de ayer. Te hace reaccionar poniendo en ti la exigencia de la gratuidad en el presente. De este modo, la compañía —no unos rostros determinados, sino la presencia de algo distinto «en» esos rostros determinados— te cambia: «Yo quisiera quererte como te ama Dios»[18]. Y la impetuosidad furibunda se convierte en ternura llena de paciencia tenaz y de creatividad para ayudar. ¡Qué bonito fue anoche escuchar la continua referencia a la herida que tenía Camilo de Lelis en la pierna! Aquella herida en la pierna era como el signo permanente de lo que él era, de lo que había sido y de lo que era: nada, pero aferrado por algo que hizo de él una gracia. Pensad que nosotros estamos aquí porque Dios, sobre cada uno de nosotros —unos tan diferentes de otros, cada uno con su propio rostro— tiene este proyecto.

---

[18]   C. Chieffo, «Ballata dell'amore vero», en *Cancionero*, op. cit., p. 309.

V

Otro paso: Dios es fiel. «Si nosotros traicionamos la fe —dice san Pablo—, Dios no nos traiciona, porque él es fiel a sí mismo»[19]. El concepto de misericordia es algo sobrehumano; solo la idea de la misericordia ya demuestra que Cristo es Dios. Es el mismo concepto que resuena en la primera carta de Juan 1,9: «Si reconocemos nuestros pecados, él, que es fiel y justo [¡es justo!], nos perdonará los pecados y nos limpiará de toda culpa». Él, que es fiel y justo; pero si es justo… ¡entonces debería castigarnos! No, porque la justicia es el designio que tiene Dios sobre el mundo y sobre el hombre.

Amigos, digámoslo entre paréntesis: sin esto de lo que estamos hablando no existe trabajo humano, no existiría el trabajo sobre el yo, sobre la persona. Existiría quizá un deseo exasperado de análisis, un voluntarismo exasperado que, debido a su parcialidad, no haría sino defraudarnos y vaciarnos más. En cambio, el trabajo sobre mi persona es lo que me aferra, me permite aferrarme a mí mismo y me encamina al destino, al todo, a la totalidad. El destino es la totalidad de mi persona, y la totalidad de mi persona es Otro. De igual modo, la experiencia humana más alta, la experiencia de plenitud humana más alta que es el amor, radica en la presencia de otro. Y esto es solo una sombra de aquello a lo que estamos destinados.

---

[19] Cf. 2 Tim 2,11-13.

Dios es fiel. Bien. Por eso hemos dado como título a estos dos días *El rostro humano*: un rostro humano para mí y para ti, amigo o amiga, quien quiera que seas. Si lo espero para mí, si lo espero con certeza —porque sin certeza no existe esperanza—, si lo espero con certeza para mí, esperando contra toda apariencia, contra toda esperanza, ¡imagínate para ti! Un rostro humano. Rainer María Rilke dice: «Toda la alegría y el objeto de mi vida consiste tal vez [un 'tal vez' subyace siempre a cada intuición del genio; la intuición del genio es verdadera, pero el corazón del genio, si no ha conocido a Cristo y a la comunidad cristiana, siempre tiene un 'tal vez'] en esto: en que yo soy, aunque principiante, de los que sienten la belleza y reconocen su voz, por más que algunas veces apenas se distinga del ruido; y también yo sé que el Dios amado no nos ha puesto entre las cosas para elegirlas, sino para tomarlas tan fuerte y grandemente, que al final no podamos tomar otra cosa que la belleza en nuestro amor, en nuestra atención vigilante, en nuestra admiración inquieta»[20].

El gran filósofo judío Abraham Heschel dice que la capacidad de asombro y de maravilla es necesaria para captar el significado de la vida del hombre y del mundo, igual que son necesarias, en el campo de la ciencia, la hipótesis de

---

[20]   R.M. Rilke, citado en H.U. von Balthasar, *Gloria. Una estética teológica. 4. Metafísica. Edad Antigua*, Encuentro, Madrid 1986, p. 14.

trabajo y la evidencia del análisis[21]. La tarea de nuestra vida consiste en que nosotros somos los que «sienten la belleza y reconocen su voz, por más que algunas veces apenas se distinga del ruido», y la belleza es la fascinación de la verdad. Y he aquí por qué la palabra que define al hombre nuevo es la palabra «leticia»[22], la capacidad de leticia. En el mundo, el mayor milagro es la leticia. En el niño existe la posibilidad de esta alegría serena, pero en el hombre no existe, en el joven no se da. Existe la posibilidad de algún momento de contento, pero no existe la leticia como factor normal fundamental del propio ser. Lo que hacía decir incluso a san Pablo: «Desbordo de gozo en todas nuestras tribulaciones»[23], es esta alegría íntima y serena. Ayer por la noche se nos dio una explicación fantástica: la palabra provenzal *joi* expresa, de hecho, lo mismo que la palabra «leticia»[24]. La palabra «leticia» es más completa, pero *joi* expresa una esencia, un factor esencial de la leticia, que es la energía del vivir, es esa energía del vivir que viene únicamente del atractivo de la vida, cuando la vida es bella. Y la vida es bella, se experimenta el atractivo de la vida allí donde el vivir se presenta como verdadero.

---

[21]   «El asombro absoluto es para la inteligencia de la realidad de Dios lo que la claridad y la distinción son para la comprensión de las ideas matemáticas. Cuando estamos privados de la capacidad de maravillarnos, resultamos sordos a lo sublime» (A.J. Heschel, *Dio alla ricerca del uomo)*, Borla, Turín 1969, pp. 273-274).

[22]   Ver aquí, nota 18, p. 95.

[23]   2 Cor 7,4.

[24]   Ver aquí, nota 4, p. 120.

De aquí procede la capacidad de certeza y la capacidad de entrega, es decir, la gratuidad. Para admitir que tú existes, debo ser gratuito. Decir: «Tú existes» es *gratis*, expresa gratuidad, para decirlo me veo obligado a una gratuidad, porque no afecta para nada a mi bolsillo, no entra nada en mi bolsillo. Reconocer la evidencia es como el aspecto más infantil de la gratuidad, es el comienzo de la gratuidad como certeza y como entrega. Pero la palabra que debemos llevarnos es la palabra «leticia», teniendo presente la palabra provenzal *joi*, que hace referencia a la energía del vivir, y por tanto a la frescura y la fuerza de la vida. Digamos mejor la frescura de la vida, porque «fuerza» puede dar la impresión de una determinada voluntad excepcional, mientras que no es necesaria.

En cualquier caso, os doy para terminar el test, el síntoma, el síntoma del hombre nuevo. El síntoma es la leticia, es la *joi*, pero ¿cuáles son las características del hombre nuevo? ¿Cuándo se desencadena esa alegría serena y profunda? Cuando existe la gratuidad, de la que ella siempre surge y solo de ella, porque una alegría así es la prueba absoluta de la gratuidad. Sí, como ha revelado el cristianismo, el Ser es amor, si el Ser, la esencia del Ser, de Dios, es amor, si el hombre está hecho a imagen y semejanza de Dios, la ley del hombre es amar. De ahí surge la leticia, de esa gratuidad surge la leticia, que puede darse incluso en la muerte, incluso en medio de las tribulaciones, como decía san Pablo.

En cualquier caso, las características del hombre nuevo, que la leticia hace posibles, son el amor al propio destino y el amor al destino del otro, al destino ajeno. El amor a mi destino y el amor a tu destino. No es amigo quien se acerca a ti sin esta pasión por tu destino y no eres amigo de ti mismo, todavía no te has encontrado contigo mismo si no tienes pasión por tu destino. Si leéis el Evangelio, los momentos de emoción, de conmoción intensa de Cristo son aquellos en los que lo sorprendemos mirando a un niño, a una mujer, a un hombre, un pueblo, una ciudad con la perspectiva de su destino. «¿Qué importa si tienes todo el mundo en tus manos, si consigues hacer todo lo que quieres, pero después te pierdes a ti mismo? Haces millones de proyectos, pero ¿qué importa que los realices si te pierdes a ti mismo? O ¿qué podrá dar el hombre a cambio de sí?»[25].

El hombre nuevo es el hombre que tiene la pasión por el destino, y la pasión por el destino es la expresión suprema de la inteligencia, porque la inteligencia es conciencia de la finalidad y de la potencia afectiva, es decir, de la capacidad de adherirse al destino, de adherirse a la finalidad, de realizarse, de adherirse al proyecto último de su persona. El amor es la afirmación de la verdad de mi vida, de mí, y la afirmación de la verdad de tu vida, de ti. No creo estar reduciendo la palabra «Cristo» al usar la palabra «destino», porque la pasión por el destino es la pasión que Cristo ha tenido por el hombre. Él sabía con claridad absoluta que el destino del hombre era aquel al que él llamaba «el Padre», el origen último y el destino último.

---

[25]   Cf. Mc 8,36-37.

El hombre nuevo es el hombre caracterizado por la pasión por su destino y por el destino del otro, quien quiera que sea —¡quien quiera que sea!—: el padre, la madre, la novia, el novio, el hermano, la hermana, el extraño o el enemigo. No podemos acercarnos a una persona sin esta pasión. Debemos cambiar, de modo que ya no nos acerquemos a una persona sin el estremecimiento de este pensamiento.

Pidamos a Dios la gracia de infundirnos su Espíritu, para que el Espíritu de Dios habite en nosotros.